愛知大学綜合郷土研究所ブックレット

24

# 大井川流域の自然・文化・観光

安福恵美子・天野景太

●目　次●



JN163534

地理院地図
GSI Maps

**大井川流域図** 〔国土地理院標準地図(100万)より作成〕

# 然・文化・観光

〈口絵1〉
千頭駅におけるトーマスフェアの賑わい
本文 3 頁

〈口絵２〉
井川線の車窓からのぞむ大井川上流域の流れ
本文 12 頁

〈口絵3〉
蓬莱橋から見る大井川の下流域
本文 13 頁

〈口絵４〉
大井川ダムのように戦前に建設された古いダムも数多い
本文 14 頁

## 大井川流域の

〈口絵５〉
大間ダム湖の湖面と夢の吊り橋
本文 14 頁

〈口絵6〉
牧ノ原台地ふもとからの大井川下流域
本文 18 頁

〈口絵７〉
アプト式区間を行く大井川鐵道
井川線の列車
本文 29 頁

〈口絵8〉
大井川流域まちかど博物館に
登録されている田野口駅
本文 32 頁

〈口絵 9〉
井川線の廃線トンネル
本文 35 頁

〈口絵 10〉
天水からの南アルプスと富士山の眺望
本文 44 頁

〈口絵 11〉
沢口山山頂付近から長島ダムを眺める
本文 44 頁

〈口絵 12〉
E ボートを使って接岨湖を一周
本文 47 頁

# はじめに

二〇一四年九月七日土曜日、午前一〇時四〇分、大井川鐵道の新金谷駅はローカル鉄道の狭い駅構内にふさわしくない熱気にあふれていた。駅舎とホームには、大都市の通勤ラッシュかと見まがうほどの人々がひしめきあい、皆が記念撮影に興じていた。イギリス生まれの人気アニメ「きかんしゃトーマス」をモチーフにした列車、急行「トーマス号」の出発前の風景である。客車七両に満員の乗客を乗せたその列車は、定刻よりやや遅れ、大勢のギャラリーに見送られながら千頭《せんず》方面へと走り去っていった。トーマス号の去った新金谷駅は、徐々にいつもの静かな駅へと戻っていった。

静岡県の中央部を流れる大井川に沿って走る大井川鐵道では、一九七六年以降、いち早く蒸気機関車（SL）の動態保存に取り組んできた。蒸気機関車が牽引する列車の定期運行を毎日行っている日本唯一の鉄道路線であり、SL列車への乗車体験を求めて首都圏、中京圏を中心とした観光客が数多く訪れている。先のトーマス号は、二〇一四年七月より期間限定で運行されており、週末や夏休みのシーズンには、トーマス号を含むSL急行列車が一日三往復運行される盛況ぶりである〈口絵1〉。

このように多くの観光客でにぎわう大井川鐵道であるが、この鉄道の沿線の地域である大井川

急行「トーマス号」出発前の新金谷駅のにぎわい

の流域一体も、鉄道を核とした一大観光地域となっているのかというと、必ずしもそうでもないのである。土谷（二〇一四）らの実施したＳＬ列車利用者へのアンケート調査によると、その乗客は静岡県外からの利用者が八七パーセント（うち中部地方が半数、関東地方が三〇パーセント）を占め、彼らの旅行目的のうち、ＳＬ列車乗車が四六二人、寸又峡《すまたきょう》温泉と井川《いかわ》線乗車が八〇人となっている。また、新金谷駅のある島田市までの交通手段の約半数がツアーバスの利用となっている。ツアー内容のほとんどが、参加者と地域との接点はＳＬ列車の乗車のみであり、温泉旅館の集中する寸又峡温泉への滞在は十パーセント未満であることに象徴されるように、他の観光地へアプローチする乗客がほとんどいないことが指摘されている。すなわち、この大井川流域を訪問する観光客の行動は、ＳＬ列車の乗車体験というピンポイント的なアトラクションの体験が中心をなしており、流域が総合的に面的な広がりをみせるまでには至っていないのである。しかもＳＬ列車の乗客の主流であるツアー参加者の多くは、観光バスで首都圏等から乗りつけ、ＳＬ列車と大井川上流域を走る井川線の片道の全区間または一部区間に乗車した後に、すぐさま観光バスに引き返し、地域を離れてしまう短時間滞在のマス・ツーリストである。

大井川は、南アルプスの山中、三千メートル級の山に囲まれた源流部（そこは、人口七十万人を擁する政令指定都市、静岡市の一部でもある）に端を発し、多くの支流を束ね、多くのダムによるせき止め湖を経て、南アルプスの山々へのアプローチ部分をなす中山間地域の農村風景を蛇行しながら流れ、東海道の大動脈をくぐり工場群と野鳥園のある駿河湾の河口に至るまで、わずか一六八キロメートルという短い河長の間に、非常にバラエティ豊かな沿岸風景が展開している。そしてその流域には、川からの恵みを受けたさまざまな特徴的な文化・産業が発達してきた。そのため流域には、たとえば、ダム開発によって生まれたダム湖やダムの堤体といった現役の産業施設、かつて林業を支えてきた森林鉄道の廃線跡などの過去の産業施設、寸又峡温泉をはじめとする電源開発の副産物として生まれた温泉郷、肥沃な土地と川から発生する霧を活かして栽培されている川根茶の畑、旧東海道の川越《かわごし》遺跡など、自然環境だけではなく、伝統文化・産業・歴史などにかかわる地域資源が点在しており、それらの活用を通じてＳＬ列車の乗車だけではない、さまざまな地域資源を組み合わせて提供される新しい観光の実践可能性を秘めた地域であるといえるだろう。

筆者たちは、二〇〇九年秋以降二〇一四年に至るまで、十数回にわたり大井川流域の地域資源に関して実地調査し、併せて二〇〇九年前後から芽生えつつあった地域資源を活用した新たな観光実践の動向を観察してきた。本書ではこれらの成果を踏まえつつ、大井川流域の自然・文化について概観したうえで、それらが観光実践のなかでどのように活用されているのか、そのダイナミズムを、以下の三つの項目順に描き出していくことにしたい。

第一に、地域の自然・文化・産業の歴史と現在に関して、大井川との関連を意識しながら記述することを通じて、流域にまつわる「場所の物語」を描き出すことを試みる（第一章〜第四章）。第二に、現在大井川流域で提供されている観光資源の実際、およびそれらを活用した「着地型」観光ツアーなどの現状に関して、筆者のフィールドワークに基づき概観する（第五章・第六章）。そして第三に、近年の観光実践の動向を踏まえつつ、大井川流域の観光的魅力をトータルに呈示する観光のあり方の展開可能性について展望する（第七章）。

# I　大井川流域の自然と景観

## 第一章　大井川流域の自然

### ◉――大井川流域の概要

大井川は静岡県中央部を南北に流れる一級河川で、全長一六八キロメートル、流域面積は一二八〇平方キロメートルである。水源の標高は南アルプスの山中、三一八九メートル地点にあるので、日本有数の急峻さを誇る川である。そのため、流域では豊富な水量とそれらがもたらす肥沃な土砂、速い川の流れを利用した産業が古くから発達してきたのである。では、源流から下流部に至る沿岸の風景について見ていくことにしよう。

日本で第四位の標高を誇る南アルプス北部の間《あい》ノ岳の山頂付近（静岡市の北端）に端を発し、約二十キロは南アルプスの無人の山中をいくつかの支流を束ねながら下っていく。この間、川に並行する道はなく、十キロ進んだあたりから若干流域が開け、登山道が併走するようになる。この場所に一般の観光客が訪れるのは容易ではなく、幾日もかけて沢登りを試みながら南アルプスの山々を渡り歩くような熟練の登山者でなければたどり着くことができない。

最上流の田代ダムとダム湖

源流から約二十キロメートル下り、本流の東俣と支流の西俣が合流する地点で、最も上流域にある産業ダム、東京電力田代ダムがある。竣工は一九二八年と古く、当時は大きな出力を有していたが、その後下流に続々と建設されたダム群と比較すると規模は小さく、こじんまりとした佇まいをみせている。周囲にはダム関連施設と登山者のための山小屋「二軒小屋ロッジ」が建っている。

田代ダムから畑薙《はたなぎ》第一ダムまでの約三十キロメートルは、特殊東海フォレスト（特殊東海製紙株式会社の子会社で、山林管理、ロッジ経営等を行う）の未舗装（一部舗装）の専用道路が川と並行するが、一般車両の通行は不可能で、登山者など訪問者は、徒歩で向かうか特種東海フォレストの送迎バス（利用は二軒小屋ロッジ予約者限定）でアクセスするしかない。この間、川幅を徐々に広げながら、南アルプスの山中を流れていく。

畑薙第一ダムからは、静岡県道60号が川に並行し、大型バスを含む一般車両の通行が可能となる。しかし、そこからさらに二十数キロ下った静岡市葵区井川付近まで人家はほとんどなく、ドライバーにとっては山肌にへばりついた県道から蛇行する流路を見下ろす風景が続く。

井川ダムのダム湖、井川湖が見えてくると、井川の集落に入る。一九六九年に静岡市に合併した、旧井川村の村域である。二〇一三年現在の人口は約六百人。山林の恵みを活かした農林漁業を産業としている地域だ。ここから流域を離れる県道60号は、峠を越えて静岡市の中心部へのアクセスルートとなっている。井川地域の自主運行バス等を乗り継ぐことで、静岡駅まで二時間半～三時間で到達する。静岡駅付近のビルでは「井川朝市」が月二回程度開催されており、井川の農産品が販売されている。井川ダムより大井川鐵道井川線と県道388号が併走するようになり、集落や茶畑が点在する景観となる。静岡市から川根本町《かわねほんちょう》に至るこの一帯は「奥大井」と呼ばれ、南アルプスの山々を間近に感じるロケーションであり、接岨峡《せっそきょう》温泉や支流の寸又川流域に位置する寸又峡《すまたきょう》温泉等の温泉郷、大井川最大のダムである長島ダムとそのダム湖である接岨湖、吊り橋体験や森林浴などをセールスポイントとしたキャンプ場などの観光施設も点在するようになる。

井川線の終点、千頭《せんず》は、川根本町の行政機能が位置する町の中心部。川根本町は千頭を中心とする本川根町とここより南の奥泉を中心とする中川根町が二〇〇五年に合併して誕生した。二〇一三年現在の人口は七九一七人、合併時の二〇〇五年当時と比較しても一七パーセント減少しており、過疎化と高齢化が進む中山間地域で、農業（川根茶の栽培）、林業を主要な産業としてきた。ここから島田市の金谷に至るまで、大井川鐵道大井川本線が川に併走する。川幅は一気に広がり、集落と茶畑、そしてその背後には里山が連続する景観となる。大井川鐵道の地名《じな》駅を過ぎた先で島田市に入り、大井川本線の神尾駅を過ぎた先から平地が開けてくる。日本の大動脈である東海道（国道1号）と東海道本線が川を横切るあたりの左岸が島田市の中心部。旧東海道の川越遺跡、世界最長の木造歩道橋である蓬莱橋《ほうらいはし》を過ぎたあたりで、富士山静岡空港の立地する牧ノ原台地、吉田町の工場群を右岸に見ながら、扇状地を抜けて駿河湾に注ぐ。かつて非常に豊かな流量を誇った大井川は、この付近において洪水が多発したようであるが（渡辺、一九七八）、相つぐダム開発による取水により、現在の平常時の流量はあまり多くはなく、とりわけ下流域では川幅に比して水の量が非常に少ない景観が見て取れる。

なお本書では便宜上、大井川流域のうち、南アルプス山中の沢から井川ダム付近まで（静岡市域）を源流域、井川ダムから千頭付近まで（川根本町旧本川根町域＝大井川鐵道井川線沿線）を上流域、千頭から東海道本線・国道1号の橋梁付近まで（川根本町旧中川根町域・島田市域＝大井川鐵道大井川本線沿線）を中流域、そこから河口まで（吉田町・焼津市域）を下流域と呼ぶことにする。以下ではとくに上流・中流域に関して、流域の自然景観を概観していく。

## ◉――源流域・上流域の自然景観

田代ダムより上流の大井川は、急峻な沢が続くが、下流側はことさらに急峻でもない渓谷の眺めが続く。ダム建設や治水事業などを通じて人工的な手が加わっていることが、渓谷の景観にも大きく影響を及ぼしているのだ。ダムの前後を除き、車道と川との高低差は少なく、田代ダムと畑薙第一ダムの中間付近、椹島《さわらじま》のロッジ付近では、河原まで容易にアクセスが可能である。この近辺の川岸には特種東海フォレストが所有する社有林が続いている。

川の右岸には、赤石山脈の南部に属する三千メートル級の山々（光《てかり》岳、聖《ひじり》岳、上河内《かみこうち》岳、茶臼

大井川源流域の景観

岳、赤石岳、荒川岳）が連なり、これらの山々の標高三千メートル以上の高山帯にかけては、希少な高山植物の植生がみられたり、氷河時代の地殻変動の名残を伝える地形が残っており、南アルプス国立公園（一九六四年指定）の一角を形成している。天気が良ければ川岸からこれらの山々が観察可能であるが、一般的な観光客にとっては実際の訪問は容易ではない。しかし、川岸から近い低層の山々、たとえば源流域の鳥森山（標高一五七一メートル）や、上流域の板取山（標高一五一三メートル）などは、健脚であれば半日程度での登山が可能であり、原生自然地域としての南アルプスの植生の一部を観察することができ、頂上付近は奥にそびえる三千メートル級の山々と、遠く駿河湾までが一望できる。

なお二〇一四年六月、大井川上流域、源流域を含む静岡県、山梨県、長野県にまたがる三〇二、四七四ヘクタールの山岳地域が、南アルプスユネスコエコパーク（生物圏保存地域）に登録された。ユネスコエコパークとは、人間と生物圏計画の一事業であり、「生態系の保全と持続可能な利活用の調和」を目的として、人間と自然との共生をめざす地域をユネスコが定めるものである。この意味で、ユネスコエコパークは自然環境の保全を志向しつつも、それを観光を中心にした資源として活用することが想定されている。エコパークは役割の異なる以下の三つの同心円的な地域により構成されている。第一に核心地域として、多くの生物が生息し、法的な保護を含む保全が継続的になされている場所が登録される。第二に緩衝地域として、核心地域の周辺に位置し、核心地域の緩衝帯としての役割を果たす。教育、研修、エコ・ツーリズムなど、自然の保全への理解促進や教育が行われる地域が指定される。第三に移行地域として、緩衝地域の外側の人間が居住する地域で、自然と調和した生活が営まれる地域が登録される。南アルプスユネスコエコパークでは、三千メートル級の山々(赤石岳など)の上層部が核心地域となっており、大井川源流域のような人々の生活の営みはみられないものの、日常的なエコ・ツーリズムの実践を通じた観光・教育活動が推奨される地域が緩衝地域、大井川上流部の川根本町全域、静岡市井川地区が移行地域に指定されている。その移行地域にあたる上流域は、井川、奥泉など、かつて林業において木材や物流の要衝であった場所を中心に集落が点在し、その周辺で茶の栽培が行われており、その周囲の山々は二次林に囲まれている。大井川鐵道井川線の車窓からは、大井川の流れとともにそれらの景観が観察可能である〈口絵2〉。

## ●——中流域・下流域の自然景観

中流域に入ると、河原の広がりと同時に川岸に平地が広がり、大井川鐵道や国道に沿って集落と田畑が連続して見られるようになり、その遠景に標高数百メートルの山々が広がる。中流域の川はとくに大きく蛇行しており(嵌入蛇行)、大井川鐵道も路線長三九・五キロメートルの間に四度にわたって渡橋している。河岸段丘、河道の分岐と合流、小扇状地、河谷低地など、河川が作る多様な地形も多く、丘陵などの高台に登れば、蛇行する川の様子が一望できる。

下流域に入ると、河原の幅は更に広がり、河水の幅よりもはるかに広大な河原の様相が観察できる。島田市中心部と牧ノ原台地を結ぶ蓬萊橋の長さは九〇〇メートルにまでなり、そこから約四キロメートル上流の旧東海道の渡渉部の長さは一キロメートルにも及んでいる。島田市域の右岸に牧ノ原台地の茶畑が広がり、吉田町・焼津市域に入ると左岸に工場群を、右岸に大井川港と野鳥園を見て、海に注いでいる〈口絵3〉。

# 第二章　自然を資源とした産業の歴史とそれが形成する景観

## ◉――利水――ダム建設と流量減少による景観の変化

大井川においては、近代以降その豊富な流量を活用した利水（発電、上水）が広く行われてきた。現在では日本有数のダムや堰堤《えんてい》を擁する川となっている。そのため、前章で記したように、ダム湖をはじめとした人工的に形成された自然景観が数多く存在する。

ダムは、大井川の支流を含めると、日英水電小山発電所（一九一九年）、東海紙料の専属発電所である東海紙料地名《じな》発電所（一九一〇年）に端を発し、東京電力田代ダム（一九二八年）、中部電力千頭《せんず》ダム（一九三五年）、大井川ダム（一九三六年）、寸又川《すまたがわ》ダム（一九三六年）、横沢川ダム（一九三

接岨湖の中心にある
奥大井湖上駅

六年)、大間《おおま》ダム(一九三八年)、境川ダム(一九四三年)、奥泉ダム(一九五五年)、井川ダム(一九五七年)、笹間川《ささまがわ》ダム(一九六〇年)、塩郷《しおごう》ダム(一九六一年)、畑薙《はたなぎ》第二ダム(一九六一年)、畑薙第一ダム(一九六二年)、赤石ダム(一九九〇年)、国土交通省の長島ダム(二〇〇一年)と立て続けに築設された。これらの築設の結果、井川湖、畑薙湖、接岨《せっそ》湖、大間湖などのダム湖が誕生している〈口絵4〉。竣工年が新しいほど規模が大きく(とくに戦後に竣工したダム群)ダム湖の湛水《たんすい》面積も大きい。これらのダムやダム湖のうち観光客のアクセスが容易なのは、大井川鐵道大井川本線の塩郷駅付近の塩郷ダム、井川線長島ダム駅〜奥大井湖上駅〜接岨峡温泉間に展開する長島ダムと接岨湖、井川線井川駅付近の井川ダムと井川湖、寸又峡温泉からハイキングコースが整備されている大井川支流の寸又川上流に位置する大間ダムと大間ダム湖である〈口絵5〉。このうち塩郷ダムの堤体は三メートル程度で、ダムというより堰堤であり、ダム湖はもたない。また長島ダムは、大井川水系最大のダムであり、ダム湖である接岨湖は、奥大井湖上駅で下車すれば、湖の中心部から周囲の眺望を楽しめたり、国体でカヌーの競技場として使用されるなど、観光やスポーツの場として活用されている。

これらのダム建設は、中京圏など大都市への電力供給が主目的であるため、地域住民の生活との関連性は薄い。ダム建設による水没集落の立ち退きと再定住への補償は、無居住地域である源

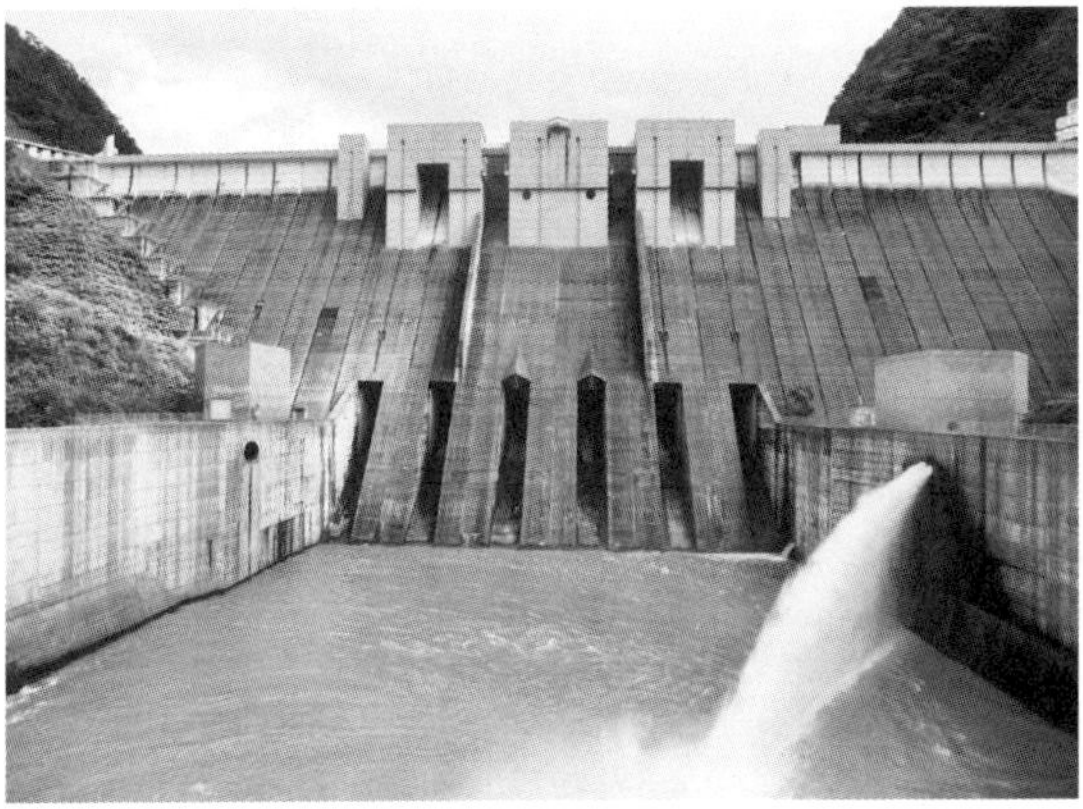

大井川流域最大のダム
長島ダムの堤体

流域に建設されたダムが多いこともあって、上流域の井川ダムや長島ダムを除き発生していない。しかしながら、ダムからの取水によって、かつて豊富な水量を誇っていた大井川の流水が枯渇する事態がおこっている。「上流から中流にかけて十三の発電ダムが築設され、中流域ではダムからダムへと流水は導水路の中を送水されるため、ダム下流では河川の流量が少なく、たとえば最下流にある塩郷堰堤からの年間無放流日は、昭和五二年から六〇年までの平均で一六九日にも及び、この間は河道には雨が降らなければ一滴の水も流れない、〝河原砂漠〟が現出した」（大内他編、一九九五、一九八–一九九頁）。これらは、生息する魚の減少、茶の香味の低下、井戸水の枯渇、調整池等の流砂の堆積による河床上昇が引き起こす浸水、下流域での海岸線の後退など、さまざまな環境被害の要因となった。このことが一九七一年の長島ダム建設計画発表以降、流域自治体の間で社会問題化し、一九八五年以降、約四年間続いた川根町（現、島田市）、本川根町（現、川根本町）、中川根町（現、川根本町）の住民らによる「水返せ運動」につながっていく。大井川流域は、ダムからの取水に伴う公害と住民運動の展開を通じて、全国のダムをもつ河川の水利権見直しや河川維持流量の確保といった発想が生まれる契機となった。現在は、ダム建設前の水量には遠く及ばないものの、中部電力等との間で一定量の放流を行うことに関する協定が結ばれ、一応の決着をみている。この意味で、かつては舟運が行われていた大井川であったが、流量が減衰し、広大な河原が広がる河川景観は、人工的に作り出されたという側面もある。反面、接岨湖や大間湖といったダム湖での貯水は、晴れた日にはチンダル現象（コロイド粒子で光が散乱され、その通路が光って見える現象）によりエメラルドグリーンの湖面をたたえた姿を観察することが可能である。

## ◉——林業とその関連産業

続いて、地域の地場産業の影響によって形成された自然景観に関してみていこう。

大井川流域の伝統的な地場産業として林業がある。林業は、近世〜近代を通じて、この地域の基幹産業であった。日本の林業地域では「木材生産の山仕事は、キリ（伐採）とダシ（出材）に大別され」ており、高度な職人技をもったそれぞれの技能集団が集落を形成し、技能の継承・再生産がなされていた（北尾、一九九二年、二頁）。千頭以北の大井川上流域では、このような林業山村が集落形成の基礎となっており、独自の文化が生まれた。一九六九年当時、流域の林業の中心をなす千頭営林署の予算規模は、全国三五〇署の営林署の中でも最大であった。現在は多くの日本の山間地域と同様、林業は衰退し、間伐がなされた森林は散見されるものの、伐採された木がその場に放置されている所も多く、荒廃が懸念されている。こうした実態は、大井川鐵道井川線の車窓などからも観察できる。

また、近代以降、東海紙料（現、特種東海製紙）をはじめとする製紙工場が下流域の島田市に

川狩の施設・越中式
鉄砲堰模型

多く立地し、流域で伐採された木材を原料の一部としながら、地場産業として定着していった。

南アルプスの山間という僻地において林業が発展したのは、大井川を介して下流への運材が可能であったからこそである。大井川森林の出材は、近世以降「川狩《かわがり》」と称し、丸太をそのまま川に放流することによって行われ、それは昭和四二年まで行われた。当時の川狩の施設である堰（越中式鉄砲堰）を再現したものが、接岨峡温泉駅近くの「資料館やまびこ」に展示されている。

また昭和初期（一九三〇〜三五年）には、電源開発の影響によりダムの堰堤が川狩の障害になり始めると、ダム建設用に建設された簡易鉄道が森林鉄道に転用され、また新たに森林鉄道が延伸されるなどして、木材や生活物資の輸送を担った。一九三一年に沢間《さわま》〜千頭《せんず》堰堤間で開通した千頭森林鉄道（当時は寸又川専用軌道）は、大井川支流の寸又川流域を中心に五十キロメートル近い総延長を誇った。そのほかに、川根電力索道や天地索道など、大規模な山間部の空中輸送手段もいち早く建設され（現在どちらも廃止）、一九一七年に設立された大井川鉄道とともに、流域の産業の発展と生活を支えてきた。一九六〇年代以降は、森林鉄道に代わり、林道が数多く上流域の南アルプスの山間を縫って建設されているが（千頭森林鉄道は、一九六九年廃止）、現在は林業の衰退により廃道化したものも多い。森林鉄道の廃線跡や林道の廃道が崩落などでほとんど痕跡を残さない箇所もあるなかで、流域の千メートル級の山に登り、周囲の山々の景観を眺めてみると、筋状に廃林道跡が観察できる。また、寸又峡温泉付近のように廃線跡が遊歩道化され、当時の隧道や橋梁が遊歩道の施設として再利用されている場所もある。

河岸段丘上の牧ノ原の茶畑

## ◉—農　業

もうひとつの流域の基幹産業として、農業、とくに茶栽培が挙げられる。静岡県は茶の産地として国内第一位の生産量を誇っているが、大井川中流域の島田市旧川根町域、川根本町を中心に栽培されている茶は「川根茶」と称され、高品質な銘柄として知られている。川根茶栽培の歴史は古く、近世中期に茶の一大産地となっている。昼夜の寒暖の差が大きい中山間地域ならではの地形的特色や、大井川がもたらした肥沃な土壌や川から立ち上る霧などの自然条件に恵まれた生産環境を活かし、第五章に登場する「つちや農園」をはじめ、品評会で継続的に入選を果たしている栽培農家が多く存在する。観光客は大井川鐵道の車窓から、河岸段丘に茶畑が広がる景観にふれたり、川根本町の道の駅「フォーレなかかわね茶茗舘」で、川根茶の試飲や茶手揉の体験をすることができる〈口絵6〉。

# II　大井川の文化と産業

## 第三章　流域の文化

河川が沿岸地域の文化に与える影響の一つとして、人々の往来や地域の交流・文化の伝搬を遮断する役割がある。

大井川の場合、近代以前には架橋もなされておらず、渡河する場合、人足に頼るか自力渡河しかなく、「箱根八里は馬でも越すが、越すに越されぬ大井川」との馬追い唄に象徴されるように、東海道中の交通の要衝であった。そのため、川が文化の伝搬を遮断し、民俗・文化・芸能の境界線となっている（野本、一九七九、九二頁）。たとえば、大井川流域の神楽は「駿河神楽」と総称されるが、梅津、徳山、青部、田代、御崎、平栗、崎平、横岡八幡、笹間、井川、寸又の各地域に神楽が伝えられ、それぞれ舞の種類や舞方に違いが見られており、地域の保存会や小中学生の手によって伝承されている。これらは宮崎県の高千穂神楽や、福島県の檜枝岐歌舞伎のように観光資源化され、定期的に観光客に対してパフォーマンスがなされているわけではないが、たとえば

### ◉――流域の伝統芸能とその継承

川越遺跡界隈。大井川の増水に備えた堰跡が残る

二年ごとに行われる寸又神楽の外森《そともり》神社への奉納神楽の際には、寸又峡温泉への観光客を含む多くの人々で賑わいを見せている。

その他、国指定重用無形民俗文化財となっている徳山の盆踊りをはじめ、流域に伝わる伝統芸能や祭祀は多数あり、観光情報ＷＥＢサイト上に紹介されてはいるが、現在その運営や継承に関して観光と有機的に結びついているわけではない。

## ◉——要衝がもたらした文化

前述のように大井川は、近世には東海道の交通の要衝であったが、川による交通の遮断は、天候や増水の影響による通行止め（川留め）の結果として、両岸の宿場にはさまざまな人々が滞留し、「さまざまな風俗や文化の種を撒いて」いくことで「特殊な文化が沈殿・醸成され」ていった（野本、一九七九、八五頁）。大井川の川越を目前に控え、多くの旅人が滞留した東海道島田宿の遊郭文化に由来し、全国に展開した女性の頭髪の結い方「島田髷」や、多彩な着物の帯を披露する「島田大祭（帯まつり）」はその代表格である。毎年秋に開催される島田髷祭りは、島田市の女性が島田髷《しまだまげ》を結って市内中心部を巡るイベントも催され、観光資源となっている。また、旧東海道の川会所跡には、島田市博物館を核として当時の川会所の建築と渡渉文化を再現した大井川川越《かわごし》遺跡がある。

## ●──町並みと生活景観

大井川流域には人口が集中する大きな都市はなく、中流域～上流域にかけては、島田市の街並みを過ぎると、大井川鐵道家山《いえやま》駅、及び千頭駅周辺に若干の建物の集積が見られる程度で、人口や行政機能の集積度は低く、険しい地形のなかの中山間地域の村落構造となっている。また、島田市の中心部を除いてショッピングモールのような大規模商業施設の出店もなく、コンビニエンスストアも中流域に五件程度が点在するのみである。集合住宅も少なく、中流域には低層の民家が畑と森林の間に散在する日本的な農村景観が構成されている。交通インフラについては、中流域～上流域を貫く道路の近代化（二車線化、トンネル建設によるショートカットなど）が、近年段階的に実施されてきており、道路交通の便は飛躍的に向上したが、鉄道（大井川鐵道）の近代化はほとんどなされておらず、沿線の駅舎やプラットフォームをはじめとする鉄道施設は開業当時の面影を残しているものも多い。両岸を結ぶかつての生活道や林業の作業道である吊り橋の一部も、久野脇橋（中流域の大井川鐵道塩郷駅近く、橋長二二〇メートル）をはじめ整備のうえ多くが残存しており、観光資源化されているものもある。この意味で、流域の街並みは大きな開発や建物のリノベーションがほとんどなされていないがゆえに、かつての日本の農村の雰囲気を色濃く想起させる生活景観となっている。

大学のセミナーハウスとして活用されている小学校の木造校舎

特筆すべき建物としては、中流域の青部《あおべ》駅付近に建つかつての小学校の木造校舎は、現在和光大学のセミナーハウスとして活用され、流域の地域史を物語る景観の一部として現存している。しかしながら、大井川の電力開発のルーツの一つである東海紙料地名発電所（一九六一年廃止）の建物が、近年まで残存しており外観が見物できた他、内部でのイベント開催など、貴重な産業遺産を活かしつつ保存していく可能性も模索されていたが、残念ながら維持が困難とされ、二〇一〇年に解体が決定した（天野他、二〇一二）。

## 第四章　流域の自然・文化的な観光資源と観光文化の展開

現在の大井川流域は典型的な中山間の過疎地域となっている。たとえば、中流～上流域の自治体である川根本町では、人口はここ二〇年の間に約三割の減少、このうち老年人口比率も四割を超える状況が出現しており（図1）、地場産業である農業や林業の担い手も減少、後継者問題が深刻化している。観光入込客数にあっても同様で、ここ数年の間にも漸減傾向がうかがえる（図2）。このため、流域の産業振興において、観光の振興という視点の重要性は高まっている。とくに、「はじめに」で言及したSL列車の乗客を地域に呼び込む目的を含む、

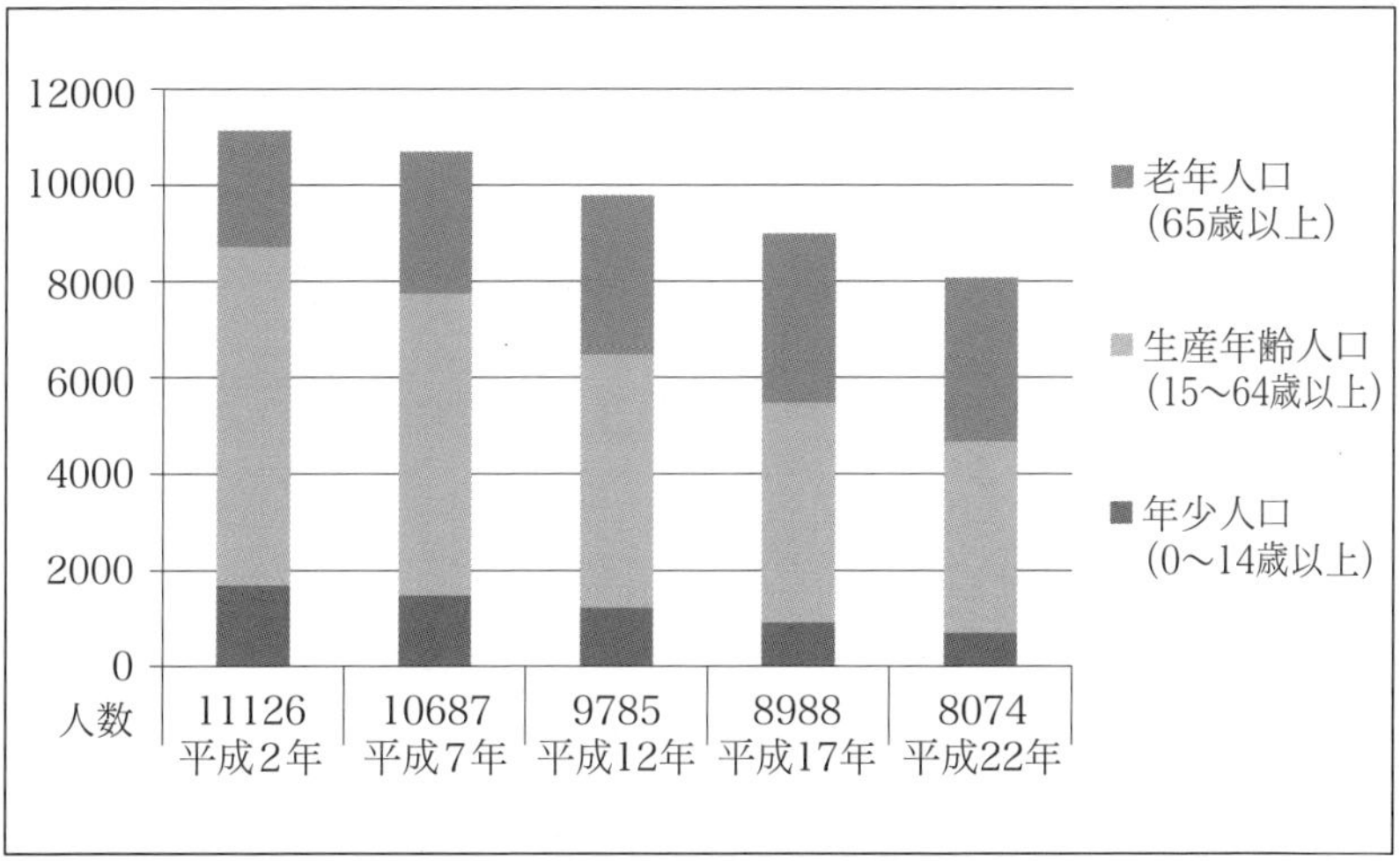


図1　川根本町の人口の推移
(国勢調査のデータをもとに作成)

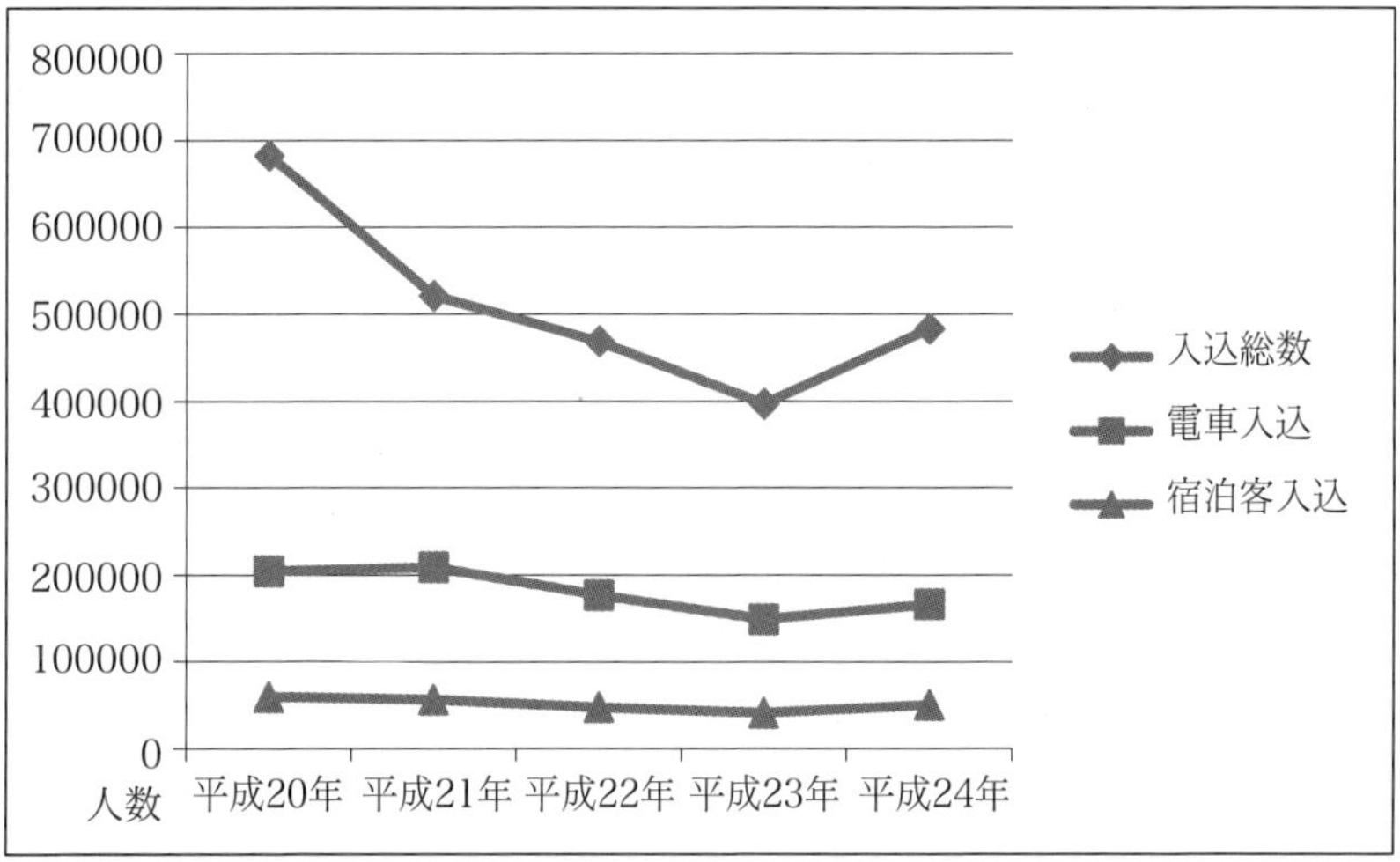


図2　川根本町の観光客入込数の推移
(川根本町統計要覧をもとに作成)

流域における新たな観光資源の発掘や、観光実践法の開発が要請されているといえる。本章では、流域に展開する既存の観光資源である大井川鐵道と、新たな観光資源の発掘を踏まえた観光実践の潮流に関して見ていくことにする。

## ●──大井川鐵道のSL列車

大井川流域において現在最も集客力をもち、全国的にもこの地域の観光的な魅力として知名度が高い観光文化は、本書冒頭に記したように大井川鐵道のSL列車への乗車体験である。大井川鐵道は、一九三一年に金谷～千頭間が全線開通。大井川上流域の木材輸送や電源開発を主目的に設立された鉄道である。しかし、林業の衰退、ダムの竣工とともに貨物の輸送量は減少、過疎化の進展により旅客輸送量も減少、経営悪化による廃線の危機に陥っていた。一九六九年、名古屋鉄道に経営支援を求め、名鉄グループの一員となる。その際、運営の合理化とともに、名鉄から派遣された白井昭を中心として、蒸気機関車の動態保存に力を入れるようになり、国鉄が蒸気機関車の旅客輸送を終了（一九七五年）した翌年から、国鉄の蒸気機関車を購入し、SL列車の運行を開始する。蒸気機関車は、交通手段としての実用的な面では過去の遺物となっていたが、近年の電車やディーゼルカーなどには見られない独特の動力機構をもち、機械でありながら生き物のような存在感を放つ乗り物として、鉄道ファンを中心に人気が高い。また近代産業の発展を輸送の面から担ってきた産業遺産としても貴重であり、当時にあってもその引退が惜しまれていた。

表1　2012年度大井川鐵道の駅別運輸状況

（単位：人）

| 駅名 | 旅客 | | 貨物 | | 手小荷物発送個数 | 総収入 |
|---|---|---|---|---|---|---|
| | 乗車人数 | 降車人数 | 発送 | 到着 | | |
| | 人 | 人 | トン | トン | 個 | 千円 |
| （大井川鐵道） | | | | | | |
| **合計** | **718, 069** | **718, 069** | **1, 314** | **1, 314** | **861** | **934, 727** |
| **本線** | **625, 872** | **615, 136** | **－** | **－** | **77** | **646, 397** |
| 金谷 | 105,122 | 101,461 | － | － | － | － |
| 新金谷 | 173,741 | 126,608 | － | － | － | － |
| 代官町 | 9,086 | 9,370 | － | － | － | － |
| 日切 | 3,491 | 3,758 | － | － | － | － |
| 五和 | 14,388 | 15,048 | － | － | － | － |
| 神尾 | 319 | 451 | － | － | － | － |
| 福用 | 15,176 | 14,617 | － | － | － | － |
| 大和田 | 5,812 | 6,109 | － | － | － | － |
| 家山 | 107,522 | 105,355 | － | － | － | － |
| 抜里 | 5,885 | 6,138 | － | － | － | － |
| 川根温泉笹間渡 | 11,489 | 13,957 | － | － | － | － |
| 地名 | 6,058 | 6,574 | － | － | － | － |
| 塩郷 | 4,618 | 6,394 | － | － | － | － |
| 下泉 | 10,555 | 13,256 | － | － | － | － |
| 田野口 | 3,275 | 3,709 | － | － | － | － |
| 駿河徳山 | 38,167 | 37,217 | － | － | － | － |
| 青部 | 5,439 | 5,709 | － | － | － | － |
| 崎平 | 7,792 | 9,542 | － | － | － | － |
| 千頭 | 97,937 | 130,863 | － | － | － | － |
| **井川線** | **92, 197** | **102, 933** | **1, 314** | **1, 314** | **784** | **288, 330** |
| 千頭 | 21,505 | 14,235 | 1,168 | 64 | － | － |
| 川根両国 | 666 | 1,703 | － | － | － | － |
| 沢間 | 132 | 172 | － | 480 | － | － |
| 土本 | 158 | 319 | － | － | － | － |
| 川根小山 | 112 | 422 | － | 16 | － | － |
| 奥泉 | 27,229 | 20,126 | － | － | － | － |
| アプトいちしろ | 291 | 336 | － | 64 | － | － |
| 長島ダム | 7,293 | 8,855 | － | － | － | － |
| ひらんだ | 64 | 72 | － | － | － | － |
| 奥大井湖上 | 3,672 | 10,481 | － | － | － | － |
| 接岨峡温泉 | 10,990 | 17,255 | 16 | 66 | － | － |
| 尾盛 | 112 | 162 | 98 | 464 | － | － |
| 閑蔵 | 2,707 | 11,285 | 32 | 80 | － | － |
| 井川 | 17,266 | 17,510 | － | 80 | － | － |

（静岡県統計年鑑より）

大井川鉄道のSL列車
乗車体験は観光の目玉

それを実際の営業路線において、切符を購入すれば誰でも乗車可能な列車として運行するという形態が、多くの観光客の注目を浴びることになった。現在でこそ、JR各社を中心に蒸気機関車を復活させ、観光目的で運行している路線はみられるものの、大井川鐵道は、鉄道車両や鉄道路線そのものを観光資源として活用することを実践したパイオニアであった。二〇一四年九月現在、四両の蒸気機関車と一九両の旧型客車を保有し、SL急行「かわね路号」として新金谷から千頭まで一時間強で、毎日一往復、休日や夏休み期間は三往復が運行されている。二〇〇九年には年間乗客数は二八万人を記録し、二〇一三年にはこれまでの通算乗客数が七〇〇万人に達しており、大井川鐵道の鉄道事業収入の九割を占めている。一部の蒸気機関車の外観は、二〇〇七年から二〇一一年まで運行したタイ国鉄仕様(タイでデザインされた)や、本書冒頭に登場した機関車トーマスのように不定期で変更され、常在的な観光資源であると同時に、イベント性ももち合わせている。

大井川鐵道で活躍する蒸気機関車や旧型客車は、近代産業遺産の動態保存物であることは確かであるが、かつて大井川鐵道において活躍した機関車ではなく、国鉄路線上を活躍していたものであり、この意味で、過去にこの地域と歴史的なかかわりをもってきたものではない。ましてやイギリスのテレビアニメのキャラクターに由来する機関車トーマスは、当然流域の文化や自然と

接岨峡をゆく大井川鐵道井川線の列車

は無関係である。しかし、旧来の日本の農村風景の面影を色濃く残す沿線景観とレトロな列車が調和しており、運行から二八年を経過した現在では、流域の観光文化を象徴する情景として定着している。

「はじめに」において記述したように、SL列車の乗客の多くは乗車体験というアトラクションそれ自体が訪問の目的であり、地域の自然や文化とのかかわりが希薄なまま、この地域を去ってしまう。この意味でSL列車は、多くの観光客を一時的に地域に集める契機にはなっているが、地域固有の資源を存分に活用した観光にまで波及効果を十分にはみせておらず、それ単体においてマス・ツーリズム的な消費、すなわち、多くの観光客が、彼らの嗜好にかかわらず一度に同じような経験をする、という側面が色濃い。

## ◉──井川線の乗車体験と寸又峡温泉の開発

大井川鐵道には、大井川本線の他に、千頭《せんず》から井川《いかわ》（井川ダム堤体付近）まで、上流域を貫く井川線がある。井川線の歴史は比較的新しく、井川ダムの建設資材輸送のため中部電力が建設した専用鉄道、及び第二章で記述した千頭森林鉄道の一部が母体となっており、井川ダム竣工後の一九五九年に全線開通した。全線にわたり大井川の上流域に沿って走る（このうち

日本で唯一運行されているアプト式機関車を連結

長島ダム～接岨峡温泉間は、ダム湖である接岨湖沿いとなる）ことで、とくに千頭～接岨峡温泉間では大井川の川沿いを走る車窓から大井川の渓谷美が堪能できる。尾盛《おもり》～閑蔵《かんぞう》間では、日本一の高さを誇る鉄道橋「関の沢橋梁」を渡り、接岨峡温泉～井川間は車窓から、長島ダム、井川ダムの堤体が観察できる。これらの「絶景ポイント」を通過する際は、列車は徐行し、車掌が車窓から見える景観のガイドを行う。路線自体が非常にカーブが多く、大井川の蛇行に沿って進むため、トンネルや橋でショートカットをしながら川を遡上する県道と比べるとかなりの迂回となり、加えて表定速度は時速一四キロ程度と極めて遅いことから、千頭～井川間二五・五キロメートルを一時間五〇分程度かけて走破する。このため、かつては沿線住民の利用も多くあったが、道路の改良や沿線の過疎化が進展した現在では、利用者のほとんどが観光客である。

井川線の鉄道システムにおいて特筆すべき点として、以下の二点がある。第一に、路線や車両の規格が通常の鉄道よりも小さな軽便鉄道の規格であること。全幅一・八メートル、全高二・七メートル程度の小型の客車がディーゼル機関車に牽かれて走る。それは電力会社の専用線という出自を同じくする富山県の黒部峡谷鉄道とならび、全国的にも珍しい光景である。第二に、長島ダムの建設に伴う水没区間の付け替え路線として、アプトいちしろ～長島ダム間に日本最大の急勾配区間（千メートルの間に九〇メートルを上り下りする）があり、その間を勾配専用のアプト式（レールと車輪の歯車をかみ合わせて走行する方式）機関車を連結すること。これは現在日本では井川線のみで見られる（なお大井川鐵道は井川線の愛称を、「南アルプスあぷとライン」としている〈口絵7〉）。車窓からゆっくり「絶景」を眺めるというアトラクション、珍しい鉄道システムの体験などが、井川線の魅力として大井川鐵道のWEBサイトなどではPRされており、ツアーの団体客の区間乗車もみられる。前述のようにかつては「地域の足」としての役割も果たしていたものの、過疎化の進行により周囲に民家が全くなく、駅に続く道路すら存在しない、尾盛駅や閑蔵駅などのいわゆる「秘境駅」も数多く、この意味で登山客を含む観光輸送に特化した路線といえる。

大井川流域最大の滞在型観光地が、千頭駅前からバスで四〇分、大井川支流の寸又川流域に位置する寸又峡温泉である。現在の温泉は一九五七年に発見された源泉を、一九六二年に現在の温泉街まで引き湯して開かれた。一八件の旅館からなる温泉街で、南アルプスをめざすハイカーやバイクツーリングの客を中心に賑わっている。歴史の浅い温泉地であるものの、南アルプスの麓というロケーションにより、新日本旅行地百選（月刊誌『旅』日本交通公社、一九六六）や新日本観光地百選（読売新聞、一九八七）に選定されるなど、規模こそ同じ県にある熱海温泉や舘山寺温泉などと比較すると大きくはないものの、全国的にも著名な温泉観光地となっている。

以上が、現在まで流域に展開されてきた主要な観光対象である。鉄道と温泉、これらをフィーチャーする形で、大井川流域を取り上げる旅番組やガイドブックなどの観光メディアの多くが構成されており、ツアーも企画されてきた。しかし近年、この二大観光資源だけではなく、地域の特性を活かし、地域の文化や景観を観光資源化し、観光者に積極的に呈示していこうとする実践の萌芽が見られてきた。その具体的展開をいくつか見ていくことにしよう。

## ◉——新たな観光実践の潮流

では、第一章〜第三章において記述してきた流域の自然や文化、これらが観光というコンテクストのなかにどのように組み込まれ、資源化され、観光客に対して提供されているのだろうか。

第一に、コンテンツ・ツーリズムの展開である。コンテンツ・ツーリズムとは、映画やドラマ、アニメなどのメディア・コンテンツのロケ地や登場人物ゆかりの場所などをめぐる観光のあり方である。ロケ地そのものは、何の変哲もない交差点であったり、民家の軒下であったりするので、それ自体が観光的な魅力をもっているわけではない。しかし、観光客がこういったロケ地を訪れた際、頭の中の映画やドラマの場面とその場所とをリンクさせることによって、観光経験として成立する。連続テレビ小説や大河ドラマのロケ地となった場所や、ドラマの主人公のモデルとなった実在の歴史上の人物にゆかりの地域が、ドラマ放映時にマスメディアによって紹介され、多くの観光客で賑わいを見せることに象徴される。コンテンツ・ツーリズムの対象となる地域は、

蓬莱橋を散策する人々

ロケ中にあってはロケ隊が地域で宿泊、飲食することによる経済的な需要が期待でき、放映時にあっては、マスメディアでの紹介を通じ、地域の知名度の向上が期待できる。そのため、近年全国の多くの地域においてロケのコーディネートを行うためのフィルムコミッションを創設し、ロケの誘致を行っている。大井川流域においては、島田市が商工会議所内に二〇〇六年より「フィルムサポート島田」を設置し、市内の古い建物や製茶工場、蓬莱橋などへのロケの誘致を行っている。また大井川鐵道においては、以前から映画やドラマの蒸気機関車が牽引する列車を再現するシーンのロケ地として多く用いられてきたが、近年では「昭和の面影」を残す木造駅舎の佇まいなど、SL列車単独ではなく、鉄道施設を核とした沿線風景も注目されている。

第二に、レトロ・ツーリズムの展開である。レトロ・ツーリズムとは、昭和時代、とりわけ昭和三〇〜四〇年代の面影を残す「懐かしい」建物や街並みを訪ねる観光のあり方である。リアルタイムでその時代を過ごした人たちにとってみると、当時の思い出を想起させることになり、そうでない人にとってみても、現代の生活様式に接続する「近過去」の風景として新鮮に映る。大井川鐵道の蒸気機関車や木造駅舎の佇まいはまさに「昭和レトロ」を表象する典型的な観光資源であるが、第三章において記したように、流域の街並みにも昭和の面影を色濃く残す生活景観が点在している。それらの具体的な観光資源化のあり方として「大井川流域まちかど博物館」への登録事業がある。これは、二〇〇九年より、流域の商工関連団体で構成される「大井川観光連絡会」（二〇一〇年解散）が中心となり、流域の店舗や工房、駅などの施設をまちかど博物館として認定し、ＰＲする事業である（現在は流域の観光協会で構成される「まちかど博物館推進委員会」が統括）。博物館といっても、店舗などを展示施設化するのではなく、「地域の食や手仕事、生活習慣、文化、コレクションを民家や商店などを会場に、館長の『語り（説明）』とともに見学することができ、交流の場とし誘客につなげ、地域の活性化を狙」うものとして位置づけられている（大井川まちかど博物館パンフレット）。すなわち、観光者が認定された商店や駅を訪れた際、館長（店主や駅長）とのコミュニケーションを通じて、地域の文化や産業をより深く味わってもらおうという趣旨である。

まちかど博物館接岨峡温泉駅

登録施設は駅や観光案内所にパンフレットを設置したり、施設の入り口に看板を掲げるなどして観光者に告知されている。二〇一四年現在、島田市と川根本町の流域の喫茶店、醤油や酒・和紙・木材などの工房、茶園、寺院、駅、民宿、ダム管理所など計四〇件が登録されており、昭和の民家、商店の雰囲気を残す場所も多い〈口絵８〉。筆者（天野）がまちかど博物館に登録されている新金谷駅付近のおでん屋さんでうかがった話では、登録されたからといって劇的に訪問客が増えたわけではないが、駅のパンフレットで存在を知り、SLの待ち時間に店を訪問し、店舗内の昔の生活道具を見ていく観光客も時々訪れているという。また、家山駅前の茶店では、SL列車の待ち時間に訪問した観光客が、川根茶を試飲しながらの店員との会話を通じ、短い時間であるが地域文化にふれることができる。この意味でこうした取組みが、レトロ・ツーリズムの実践として、確実に何らかの成果を挙げているものとは評価できないが、街並み散策のきっかけづくり、あるいは館長たる店主や工房主と観光客とのコミュニケーションのきっかけを提供している、という点で、一定の役割を果たしていると考えられるだろう。

第三に、インダストリアル・ツーリズム（産業観光）の展開である。インダストリアル・ツーリズムとは、産業に関する施設（工場、農場、公共施設、銀行など）を訪れ、ものづくりの仕組みや資源管理の現場を学ぶ観光の形態である。ものづくり体験など体験型観光の要素を組み込みやすいこともあり、生産現場の多い中部地方では近年とくに注目されている。川と産業とのかかわりという点で、大井川流域の大きな特徴となっているのが、ダムの多さとバリエーションの豊富さであろう。大井川では富山県の黒部ダムのように、ダムを観光資源として積極的に活用していこうとする動きはみられないものの、長島ダムでは、「長島ダムふれあい館」においての学習が可能であるほか、周囲が公園化されており、堤体の下部・上部のあらゆる角度からダム施設や放流の様子、ダム建設前のグランドレベルの位置が近場で観察できる。国土交通省が提唱するダムツーリズムの展開に象徴されるようなダムによるインダストリアル・ツーリズムの潮流を見据えるなら、今後は長島ダムのみならず、一般の観光者向けの流域ダムマップや放流時間の告知、それぞれのダムの特徴がわかるガイドパンフレットの発行といった展開が望まれるだろう。

また、大井川鐵道では、島田市や川根本町と協同で開催するＳＬフェスタ（二〇一一年より毎年一〇月開催）や自社で主催するツアー「新金谷転車台と車両区見学ツアー」「ＳＬ機関士体験教室ツアー」などを通じて、車両区の見学や転車台の手回し体験などの、列車運行の舞台裏公開を積極的に実施するようになっている。

第四に、ヘリテージ・ツーリズムの展開である。ヘリテージ・ツーリズムとは、遺産（歴史的文化遺産や産業遺産など）を訪ねる観光形態を指し、地域固有の資源を活用することを原則とし、遺産の観光化により、当該遺産の保全、地域振興をはかることを理念としており、とくに近代遺産をめぐる観光スタイルのことが、おもにマスメディアによって「ヘリテージング」と呼ばれることがある。遺産の対象は、すでに過去のものとなった地域の歴史・文化を表象するもの（長崎県の炭鉱都市である端島〈軍艦島〉など）だけでなく、現在でも現役で住民の生活や地場産業に使用されているもの（岐阜県の白川郷など）に分かれるが、以下では、前者に関して見ていくことにしたい。

流域の産業を支えた林業に関する遺産であるが、木材輸送を筏流しによって担った川狩が廃止されてから久しく、その名残をとどめる遺構はほぼ残っていないものの、井川線接岨峡温泉駅付近に建つ「川根本町資料館やまびこ」内に、木材ダムともいえる鉄砲堰の復元模型が展示されている（第二章）。

また、川狩廃止後に流域の物資輸送の近代化を最初に担った川根電力索道（一九三八年廃止）の遺構を見つけることは難しいが、大井川鐵道の地名駅付近の鉄道と索道との交差地点に、索道から鉄道への落下物防止シェルターが現存しており、SL列車に乗車すると、専務車掌のガイドでは「日本一短いトンネル」と説明されている。一九二〇年代の昭和初期から一九六〇年代にかけて、木材輸送の主力を担った千頭森林鉄道の遺構の多くは道路に転用されていたり、そうでない場所は山間部の斜面であるがゆえに崩壊が進みアクセスが困難であるが、アーチ鉄橋の飛龍橋をハイライトとする寸又峡温泉から大間ダム湖に至る部分はハイキングコースに転用されており、温泉街に保存されている当時の寸又峡温泉への旅客輸送を担った機関車や客車とともに、往時を偲ぶことが可能になっている。

井川線の廃線トンネル（アプトいちしろ駅前）

続いて、電力開発（ダム開発）に伴う産業施設の遺産について。東海紙料地名発電所の解体決定は残念だが、大井川鐵道井川線の長島ダム建設に伴い線路が付け替えられた区間のうち、水没を免れた部分の廃線跡は、トンネルや軌道敷などの遺構はほぼそのまま残っており、一部は徒歩で探索することが可能な状態となっている。アプトいちしろ駅に筆者（天野）が訪れた際、駅の裏手が廃線跡のトンネルに続いており、通行が可能となっていた〈口絵9〉。しかし、駅舎に懐中電灯が備え付けられているものの、懐中電灯の明かり程度では全く光量が足りず、それなりの装備をしていなければとうてい出口まで到達することは不可能であった。また、接岨湖に面している廃線跡は、現在の井川線の車窓から観察できるが、カヌーやEボート（第五章参照）を用いれば、上陸することが可能であった。廃線跡探訪は、これまで高度な趣味者による個人的な訪問が中心であり、一部を除き観光資源化されることはなかったのだが、近年、鉄道会社のイベントや旅行会社のツアーなどで提供されるものもあり、一般の観光客も到達が容易になっている。大井川鐵道にあっても「あぷと沿線身軽にウォーキングツアー」「井川湖畔廃線ウォークと井川線トロッコ列車ツアー」などの企画を通じて、これらの廃線跡を積極的に観光資源として活用する動向がみられるようになっている。

第五に、エコ・ツーリズムの展開である。広義のエコ・ツーリズムとは、自然や文化などの地域固有の資源を活用した観光のあり方で、観光客からの収入によって地域資源の保護を行うなどにより、観光によって資源が損なわれることがないようにすること、観光事業によって地域の振興がはかられること、を理念とした観光のあり方であり、開発優先、大量消費を指向する従来のマス・ツーリズムのあり方とは異なり、観光による地域資源や地域社会の持続可能性を追求することを志向している。このため、前述のヘリテージ・ツーリズムや地域の農業や漁業を観光資源化し、地域振興をめざすグリーン・ツーリズム、ブルー・ツーリズムなども、広義のエコ・ツーリズムのなかに位置づけられる。

狭義のエコ・ツーリズムは、とくに地域の自然環境を活用した観光のあり方を指し、観光によって自然環境が損なわれることがないように観光収入などを原資として保全がなされることで、観光による自然環境の保護と地域振興を志向する。観光客は自然と直接ふれあう体験を通じて、生物の多様性や生態系に関して学習することがめざされる。以下では、狭義のエコ・ツーリズムの展開について見ていくことにしたい。

大井川流域、とりわけ南アルプスの麓である上流域～中流域は、山林や河川などの豊富な自然を活用した多様なエコ・ツーリズムの実践が可能なロケーションといえる。このように豊富な自然に囲まれた地域であるにもかかわらず、これまでは、たとえばSLの乗車体験のために来訪した観光客が、気軽に流域の自然とふれあうことは困難であった。しかし、二〇〇〇年代に入り、静岡県が提唱した「奥大井・南アルプスマウンテンパーク構想」（二〇〇三年）を皮切りとして、流域各地においてエコ・ツーリズムの実践がなされるようになってきた。

次章では、とくにこれらの観光実践の具体的なあり方について、筆者たちのフィールドワークの成果に基づきつつ、見ていくことにしたい。

# Ⅲ　大井川流域における観光実践

## 第五章　流域の自然・文化の活用実践

「奥大井・南アルプスマウンテンパーク構想」では、エコ・ツーリズムの種類とその担い手として、以下の三つが想定されている（「奥大井・南アルプスＮＥＴ」http://www.ooi-alps.jp/ecotourism.htm/より、二〇一四年一〇月閲覧）。一つめが「純自然系エコツアー」で、南アルプス山岳域を主なフィールドとするもの。厳しい自然条件のなか、参加者の安全確保、環境保護への配慮のため、ガイドの案内により少人数単位で行なわれるものを指す。南アルプスの高山帯への訪問を通じて、自然を肌で感じ、大自然の偉大さを学ぶことができる。担い手として、㈱特殊東海フォレストや、しずおか環境教育研究会（エコ・エデュ）が想定されている。二つめが「里山体験系エコツアー」で、大井川中流域に住まう地域の人たちが、身近な自然や歴史・生活文化など地域資源を生かした体験プログラム等を提供するものであり、地域の自然や歴史文化の学習、食体験、地域の人たちとのふれあいがその魅力である。担い手として、南アルプス・井川エコツーリズム推進協議会、川根本町エコツーリズムネットワーク、島田市山村都市交流センターささま、など、自治体や観光関連団体の内部に設立されたエコ・ツーリズム振興のためのコーディネート組織が想定されている。三つめが「パック型エコツアー」で、交通手段がない人でも参加しやすいよう、エコツアーや体験プログラムを組み込んだパック旅行として商品化する、旅行業者と地域住民が連携したエコツアーである。担い手として、㈱大井川鐵道が想定されている。「パック型エコツアー」の目的地は、源流〜中流域にかけての南アルプスの純自然部であったり、里山であったり、多様に想定が可能である。

本章ではこれらのうち、川根本町エコツーリズムネットワークの主催による「里山体験系エコツアー」を二つ、㈱大井川鐵道（子会社の大鉄アドバンスの旅行業部門「大鉄観光サービス」のフレンドツアー）の主催による「パック型エコツアー」を二つ（行き先は里山と純自然各一つ）を事例として取り上げ、ツアーの実際を含む観光実践のあり方について、実際のツアーへの参加・観察に基づくフィールドノート形式によって記述していく。

## ●——川根本町エコツーリズムネットワークの里山体験型エコツアー実践例

川根本町エコツーリズムネットワークとは、「川根本町の豊かな自然環境や、自然に育まれた生活文化、歴史などの資源を守るとともに、観光の振興や人々の心の癒しにつながるエコツーリズムの推進を図る」ことを目的として設立された「エコツーリズムを通して、川根本町を元気にしようとする活動者のグループ」（川根本町、二〇〇八）である。二〇〇八年、川根本町企画観光課、及び川根本町まちづくり観光協会の呼びかけに集まった同町の住人らにより構成され、川根本町内で行われる着地型エコツアーのホスト役を担っている。自然環境、歴史文化、癒しと食、情報発信・収集の四部会が設置され、会員はそれぞれの部会に登録されている。また、二〇〇九年一一月以降、静岡県内を中心に先進的なエコ・ツーリズムの実践活動を実施しているＮＰＯ法人に籍を置くＫ氏がツアーのコーディネーターとしてエコツアーの企画・実践に携わっていた（二〇一四年現在、同じＮＰＯ法人から派遣された別の人物に交代）。以下ではＫ氏がかかわって以降に実施され、川根本町エコツーリズムネットワークのメンバーが自然ガイドやアクアスポーツの講師などの役割で参加・協力した二つのツアーを観光実践の事例として取り上げる。

寸又峡温泉感謝祭記念　山犬段〜沢口山

【日程とコース】

＊二〇〇九年一二月六日

大井川鐵道下泉駅（七時集合）〜（マイクロバス）〜山犬段（一四〇四メートル）〜八丁段（一五六二メートル）〜板取山（一五一三メートル）〜天水（一五二一メートル）（昼食）〜沢口山（一四二五メートル）〜寸又峡温泉（五五〇メートル）（一六時三〇分頃到着）、寸又峡温泉の旅館「求夢荘」に宿泊、夜は温泉感謝祭に参加

＊二〇〇九年一二月七日

朝食の後、チェックアウトとともに現地解散

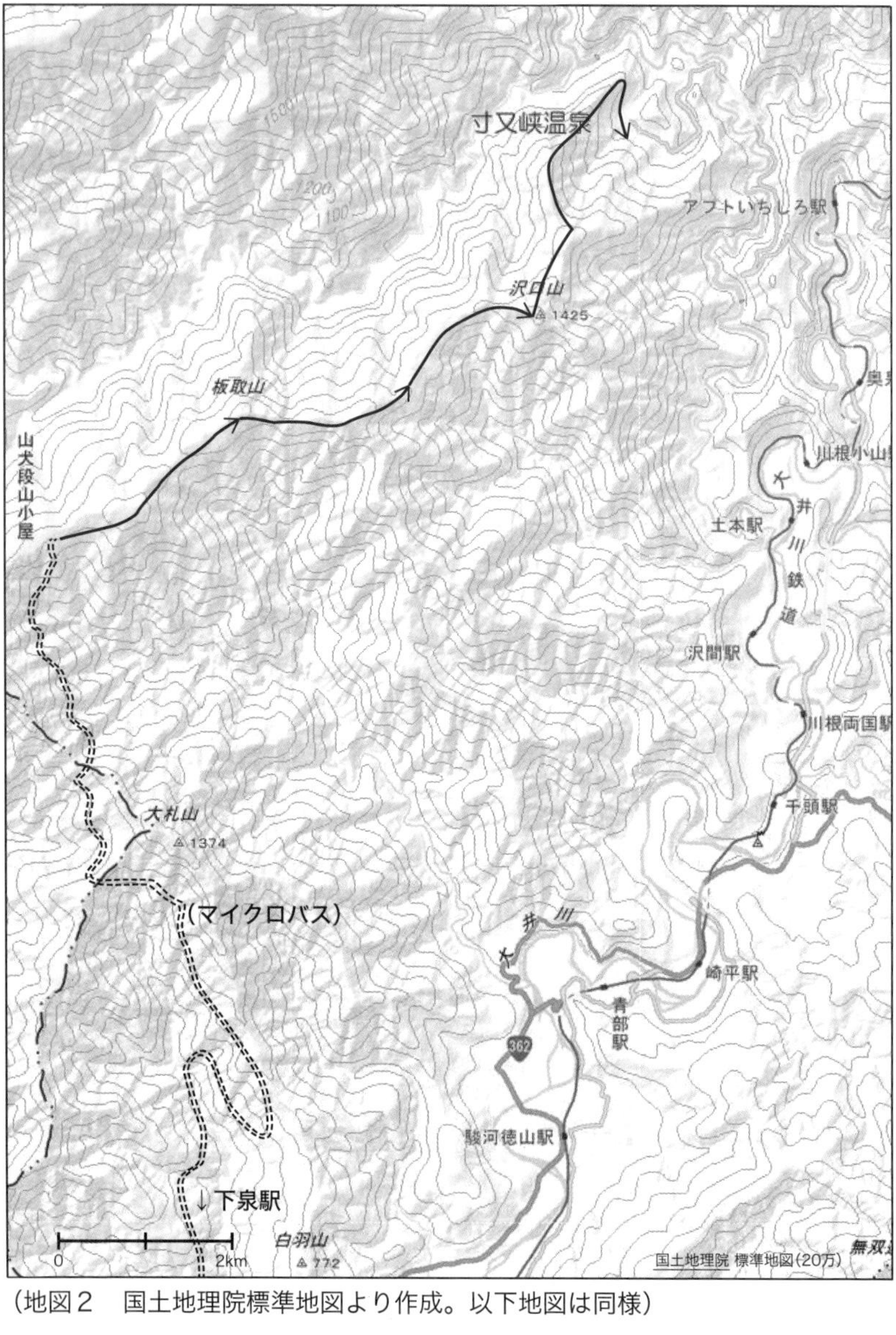


（地図２　国土地理院標準地図より作成。以下地図は同様）

山岳ガイドによる樹木の説明を聞く

二〇〇九年一二月六日～七日実施。中流域～上流域に位置する川根本町内の千五百メートル級の山々を渡り歩き、寸又峡温泉に宿泊、翌日は現地解散のツアーである。南赤石の山々への登山拠点、山犬段から千五百メートル級の山々を尾根伝いに約八時間かけて縦走する。ガイドは現地在住の山岳ガイドである、エコツーリズムネットワークのメンバーM氏が担当した。

朝七時、大井川鐵道下泉駅に集合。参加者は十数名ほどである。個人での参加は筆者（天野）と下流域の吉田町在住の六十代の男性のみ。他は職場の友人ら八名で構成される一つのグループ（静岡県西部の浜松市や磐田市在住）、及び地元川根本町からの日帰り参加者が数名で、五十～六十代が中心、といったところであった。多くは登山の上級者というわけでもなく、かといって初心者でもない。今日のために地元の低い山を登り練習してきた、といった声も聞かれ、登山に関心はあり、経験もあるものの、実際に南アルプスを一日かけて一人で縦走するような自信はない、といった人々のニーズに応えているような印象であった。

山犬段へはマイクロバスで向かう。途中未舗装の急勾配を抜けつつ、八時に到着。各自準備運動をした後、装備を調え出発である。このあたりの森林は静岡大学

登山ルートから富士山を遠望

の演習林のようだ。二〇分ほど進むといよいよ登山道の勾配も急になり、本格的な登山の様相を呈する。枯れ木の隙間から見える南アルプスの山々の稜線と雲海が美しい。聖岳や茶臼岳の山頂はもう雪をかぶっている。随所にM氏による植生や景観に関するガイドが入る。九時三〇分、山肌の崩落箇所を通過。南アルプスの稜線の奥に富士山がくっきりと見えた。途中二回の休憩を挟んで一〇時三〇分、板取山の山頂に到着。再び稜線を歩きながら一一時一五分、天水に到着。三千メートル級の山々の奥に富士山が顔を出している〈口絵10〉。山々の中腹には、廃林道のラインも良く見える。M氏は自作の眺望解説イラストと登山地図への書き込みを我々に見せてくれた。一三時四〇分、これから下る寸又峡温泉の街並みを遥か下に眺めつつ、沢口山の山頂に到着〈口絵11〉。ここからしばらくは、坂は緩やかだが道なき道を行く。足の疲労が進んだ六十代の参加者のために、M氏が木の枝を加工し、即席の杖をこしらえる。鹿のヌタ場で記念撮影をした後、林の中をジグザグに下りつつ、一六時二〇分、寸又峡温泉に到着した。本日お世話になる求夢荘の前で、M氏及び地元川根本町からの参加者と別れる。寸又峡温泉は谷あいの小さな温泉郷だが、多くの観光客で賑わっている。どこにでもある「観光地のお土産」を売っているような店などはなく、地元の山菜直売所などが並ぶ。本日は温泉感謝祭で、寸又峡温泉内のあらゆる旅館の温泉に自由に入浴できる。

筆者は、求夢荘を含む四つの温泉旅館をはしごした。露天風呂あり、大浴場あり、昔ながらの素朴な小さな浴槽ありと、バリエーションは豊富である。夜は温泉街の広場にてイノシシ鍋の振る舞いと、太鼓の演舞、材木早切り大会などが催され、筆者も提灯行列に参加。地域の人々と観光者が入り交じって楽しむ様子が観察できた。宿では吉田町から参加の六十代の方と同室であった。翌日は朝食の後、現地解散。静岡県西部から参加のグループはバスにて帰路に就いていった。

八時間の登山というのは、一般の観光客にとっては容易ではないであろうが、日本の大動脈たる東海道から北へ「たかだか」三〇キロ北上した地点において、南アルプスの三千メートル級の山々を間近に触れることのできるロケーションは非常に貴重である。もう少し出発時間を遅らせ、日照時間の長い季節に実施すれば、東京や名古屋からも参加者を呼び込めるツアーになるのではないかと感じられた。

森と湖に親しむ旬間　Eボート体験試乗

【日程とコース】

＊二〇一〇年七月三一日

大井川鐵道井川線奥大井湖上駅前集合～Eボートによる湖上クルーズ（約四五分）～奥大井湖上駅解散

＊二〇一〇年八月一日

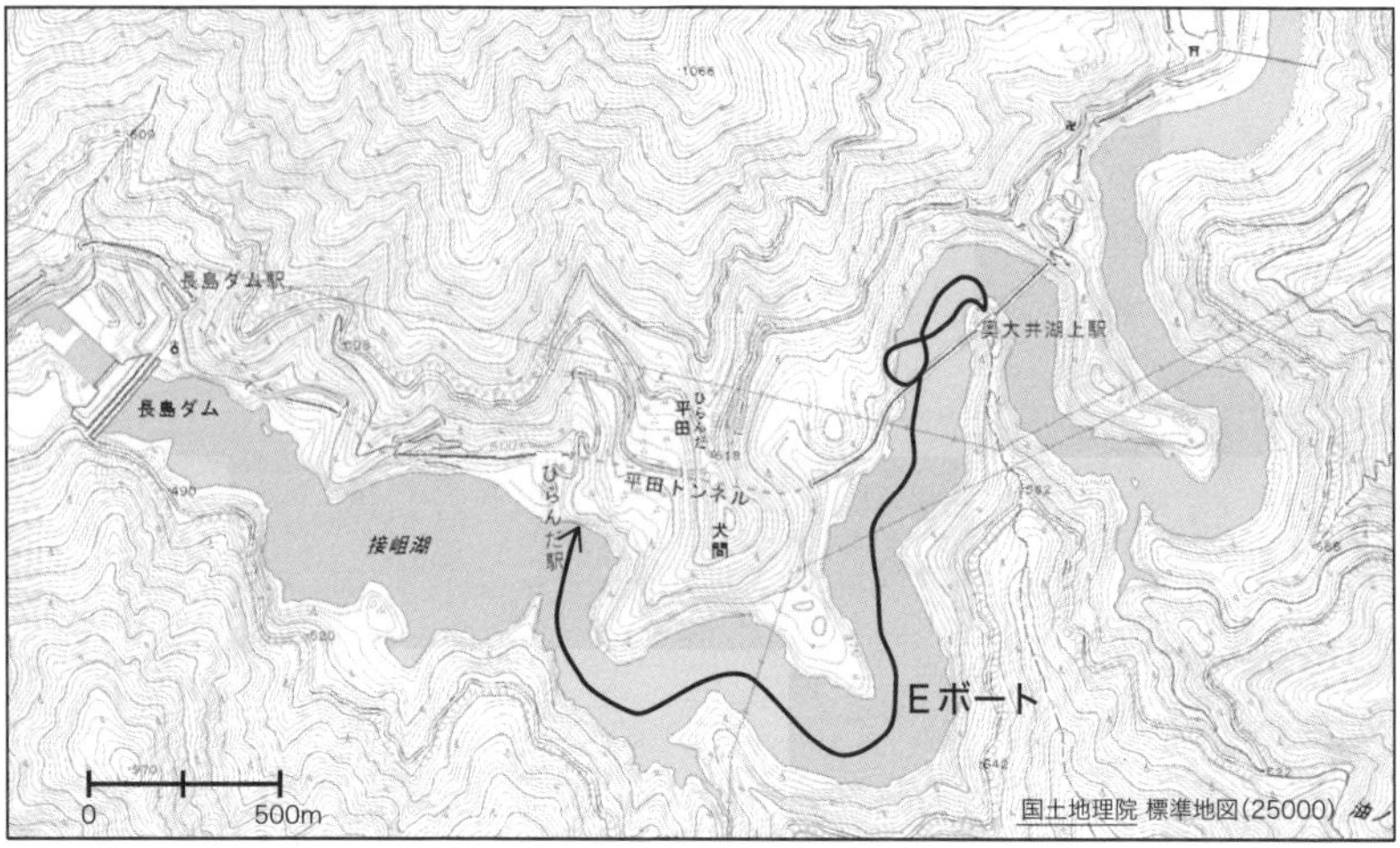


（地図３）

大井川鐵道井川線ひらんだ駅前集合（九時四五分）～接岨湖カヌー競技場～（Eボート）～奥大井湖上駅～（マイクロバス）～千頭駅付近の河原でバーベキュー、解散（一五時）

二〇一〇年七月三一日実施。大井川上流域、長島ダムのダム湖である接岨湖を大型ゴムボートであるEボートを漕いで一周するイベントである。「奥大井森と湖に親しむ旬間実行委員会」が主催となっているが、エコツーリズムネットワークのメンバーをはじめ、地元農家のカヌー愛好家、川根高校カヌー部のOBの大井川鐵道社員などがホストとなっており、彼らが、オールの使い方やカヌーの乗り方に関するレクチャーをしたり、周囲の自然や景観のガイドを担っている。

大井川鐵道井川線、奥大井湖上駅に集合し、同所で解散。ボート体験は四五分程度。井川線の列車の時刻に合わせ、一日五回実施（一〇時三〇分、一一時三〇分、一二時三〇分、一三時三〇分、一四時三〇分）。参加費は保険代の五〇〇円、各回定員一〇名の事前予約制である。筆者は一四時三〇分の回に参加した。

Eボートによる
長島ダム湖探勝

奥大井湖上駅は、接岨湖の東側に位置し、両側を鉄橋で囲まれたまさに「湖上」の駅であり、周囲には何もなく、県道へアクセスするには鉄橋を渡らなければならないため、鉄道ファンの観光客を中心に「秘境駅」としての観光資源化は果たされているが、接岨湖におけるアクアツーリズムの拠点としての役割も見いだせよう。

Eボートとは、ゴム製の一〇人乗りの大型カヌーのことで、安全性や携帯性が高く、手軽に水上からの眺めを楽しむことができる。簡単なレクチャーの後乗り込む。道中、湖上を走る井川線列車を眺めたり、橋脚の空洞を間近に見たり、井川線の廃線跡付近にも上陸する。Eボートを漕ぐという体験、ダム湖である接岨湖を自由に移動する体験、陸上からでは到達が困難な廃線跡を間近で見られる体験など、これまでにない観光資源の活用実践といえる〈口絵12〉。この回は最終回であったため、そのまま接岨湖を下流に縦断、金鉱の跡などを右岸に見ながら、ひらんだ駅付近まで漕ぎ進め、上陸した。なお、翌八月一日は、ほぼ同じ実施メンバーにより接岨湖でのEボート体験と千頭駅付近の河原でのバーベキュー体験とがセットとなったツアーが実施された。当日は、静岡市内の大学に通う学生（焼津市在住）も参加したが、同じ県内に住んでいながらこのような場所があったことを知らなかったといい、一人乗りカヌー体験や全身に滝からの水を浴びたりなど、大いに満喫していたようだ。Eボート体験は、ダム湖や南アルプスの山中といった流域の自然の特徴を能動的な体験を通じて理解できること、加えて比較的短時間の間に楽しめる観光経験であり、SL列車や井川線の乗車体験のオプションとしても非常に魅力的であろう。

## ◉――大井川鐵道のパック型エコツアー実践例

大札山紅葉トレッキングモニターツアー

【日程とコース】

＊二〇一〇年一一月三日

大井川鐵道金谷駅（九時四五分集合・一〇時二分出発）〜新金谷駅（一〇時一〇分出発）〜（SL列車）〜下泉駅（一一時二分到着）〜四季の里（川根の特産品販売所）〜（小型バス）〜尾呂久保おろちの池公園、昼食（一一時四〇分〜一三時）〜大札山登山口（一三時二〇分）〜大札山山頂（一三七四メートル、一四時三〇分）〜大札山登山口（一六時）〜（マイクロバス）〜新金谷駅・金谷駅（一八時）、解散

二〇一〇年一一月三日実施。大井川鐵道が企画・実施、奥大井・南アルプスマウンテンパーク推進協議会が事業主体として参加しているモニターツアーである。

金谷駅、または新金谷駅に九時四五分に集合し、SL列車に乗車して下泉駅まで移動。今回筆

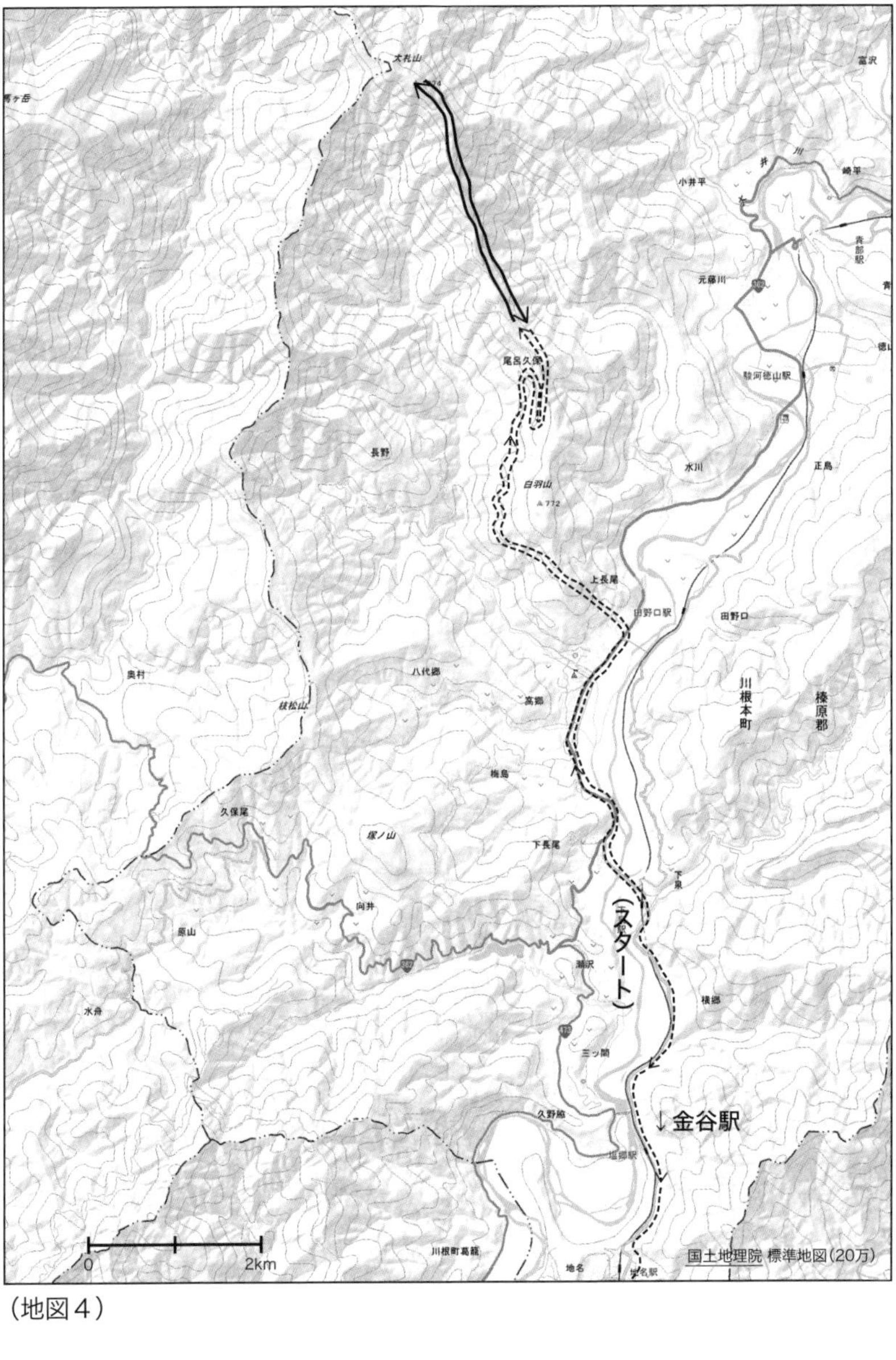
大札山
富沢
小井平
崎平
青部駅
元藤川
尾呂久保
駿河徳山駅
長野
水川
正島
白羽山
上長尾
田野口駅
田野口
奥村
八代郷
枝松山
高郷
川根本町
榛原郡
久保尾
下長尾
下泉
向井
原山
（スタート）
水舟
積郷
三ッ間
久野脇
塩郷駅
↓金谷駅
0
2km
川根町葛籠
地名
国土地理院 標準地図（20万）

（地図４）

者（天野）は東京から新幹線で参加したが、東京駅発七時台の新幹線に乗車すれば、十分集合時間までに到達可能であった。参加者は十数名程度。個人での参加も多く、少人数のグループが複数。年代は三十代〜五十代くらいで、横浜市からの参加者もみられた。彼らに加え、大井川鐵道の添乗員が一人、さらに現地在住の山岳ガイド役でM氏ほか一名、エコツーリズムネットワークのK氏が下泉から合流した。

この日のSL列車は盛況で、途中の家山駅からは団体客が乗車し、おおむね七両編成の客車は満席状態となる。この列車の専務車掌はSさん。座席が放送室至近であったため、アナウンスやハーモニカ演奏の様子を間近で観察した。

一一時、下泉駅に到着。大井川鐵道の小型バスに乗り、大札山の中腹に移動。周辺の茶畑や大蛇の伝説が残る池などを視察した後、つちや農園のご自宅で第六五回全国茶品評会にて農林水産大臣賞を受賞した茶とともに、エコツーリズムネットワークのメンバー謹製の弁当で昼食をいただく。昼食後、二〇分ほど山をバスで登り、そこからトレッキングを開始。逐次、エコツーリズムネットワークのメンバーによる植物の説明を受けながら山頂をめざす。一五時一五分、山頂に到着。眼下には大井川中流域の流れが見わたせると同時に、北を向けば南アルプスの山々が、また南東を向けば遠く太平洋、また伊豆半島まで見わたすことができた。しばし休憩の後、一列になって下山。予定よりも一時間強遅れた一六時にバスの待つ車道まで到達したところで、バスに乗車し、アンケートを記入。道の駅川根温泉に立ち寄り、一八時過ぎに金谷駅・新金谷駅で解散である。

東京や名古屋からでも日帰り参加可能な時間帯に実施するツアーではあったが、ＳＬ列車の乗車体験、千メートル級でも南アルプスの玄関口である大札山へのトレッキングと山頂からの眺望、道中での植生・野鳥のガイド、地元で収穫された食材を使用した弁当と川根茶による昼食と、数多くの地域の自然や産業に触れる観光経験が含まれていた。

## 二軒小屋と伝付峠の新緑トレッキングツアー

【日程とコース】

＊二〇一一年五月二一日

大井川鐵道金谷駅集合（七時三〇分）〜（大井川鐵道の普通列車に乗車）〜井川駅着（一〇時四五分）〜（東海フォレストのマイクロバス）〜畑薙第一ダム、昼食〜赤石ダム（一三時四〇分）〜二軒小屋（一五時二〇分）〜二軒小屋、田代ダム付近を散策（約二時間）〜二軒小屋で夕食、就寝

＊二〇一一年五月二二日

朝食、出発（八時）〜（マイクロバス）〜椹島ロッジ（一〇時）〜鳥森山山頂（一五七一メートル）（一二時）〜椹島ロッジ〜（マイクロバス）〜畑薙第一ダム〜（小型バス）〜静岡駅、解散（一

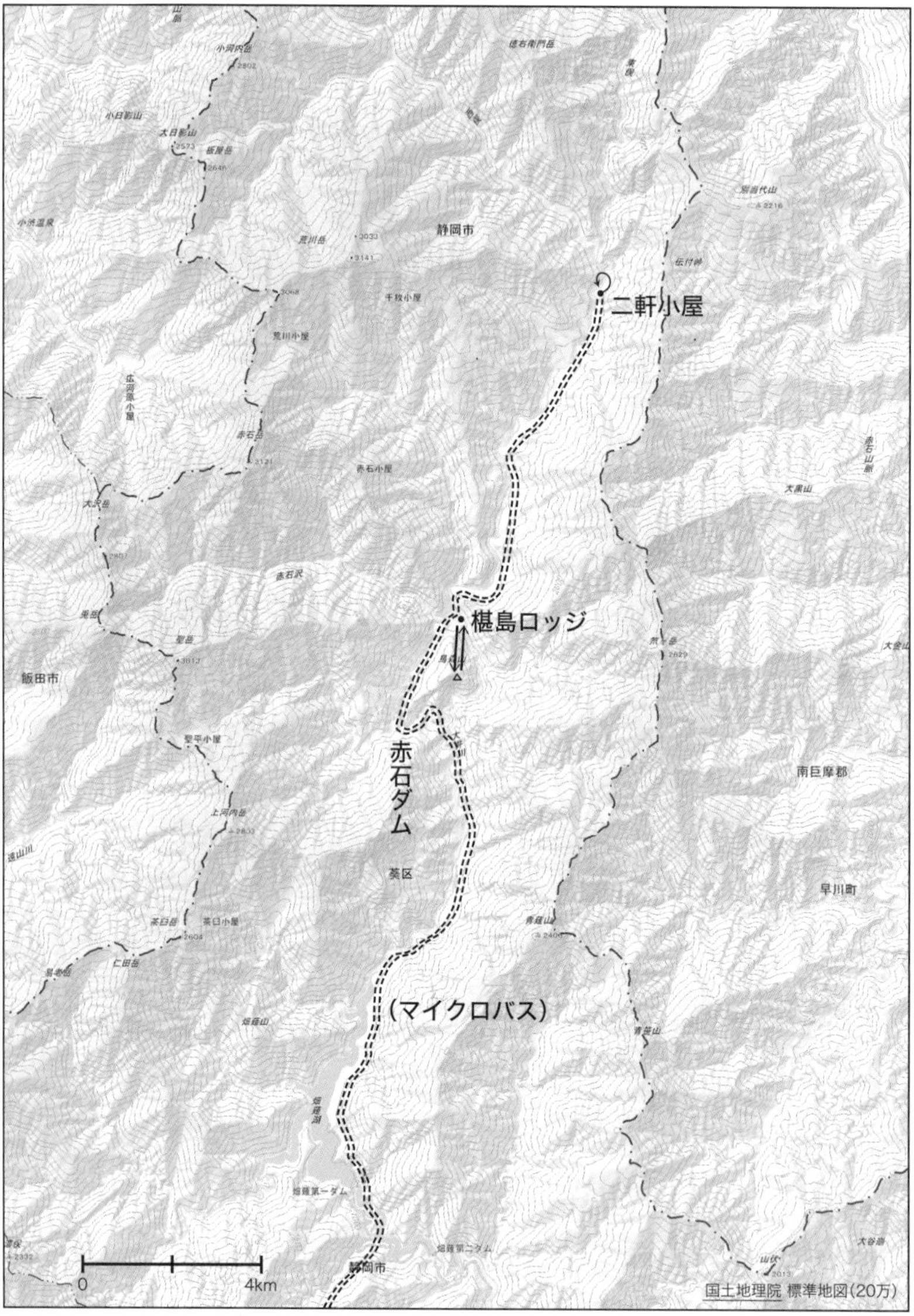
二軒小屋
椹島ロッジ
赤石ダム
(マイクロバス)
静岡市
千枚小屋
荒川小屋
赤石小屋
飯田市
葵区
南巨摩郡
早川町
茶臼小屋
0
4km
国土地理院 標準地図(20万)

(地図５)

九時）

第一章に記したように、大井川の源流域、畑薙《はたなぎ》第一ダムより北は、車両の通行が可能な道路は存在するものの、一般車両は通行止めである。したがって、大井川の源流をめざすのであれば、そこから歩いて川伝いに北上するか（当然日帰りは不可能であり、数日単位での野営を課される）田代ダム付近にある㈱特殊東海フォレストが経営する山小屋である二軒小屋の宿泊を予約し、その送迎バスを利用するしかない。このツアーは二軒小屋の宿泊が行程に組み込まれているツアーであり、大井川源流部の散策が目的の一つとなっている唯一の旅行商品で、大井川鐵道が毎年春・秋の二回、企画・実施している。初日は二軒小屋に宿泊し、翌日伝付峠を往復トレッキングする。伝付峠とは、静岡〜山梨県境の峠道である。参加費は五万円。これを高いと感じるか適正価格と感じるか、安いと感じるかは、人それぞれであろう。

筆者（天野）は二〇一一年五月二二日〜二三日実施のツアーに参加。平日（月・火曜日）の実施であるため、一般的な社会人の参加は難しい。定年退職者や主婦層をメインターゲットとしているのではと思われ、事実、参加者は年配の女性が多数を占めており、さらに驚くべきことに、常連の参加者が多い印象であった。毎年一回、このツアーで会うことを楽しみにしている参加者もおり、そのほかに年配の男性の個人参加が数人みられ、総勢二二名であった。

七時半に金谷駅に集合、初日は一日かけて、大井川を中流域から源流域まで移動する。まずは

二軒小屋ロッジでの食事風景

大井川本線の普通列車で千頭まで。この日は井川線が災害で千頭～奥泉間が不通であったため、奥泉駅までは代替バスで移動。奥泉から井川線で井川まで移動。参加者は車掌の車窓ガイドに良く反応し、シャッターを切っていた。井川で地元（井川）在住の今回のガイド、K氏と合流。㈱特種東海フォレストの送迎バスに乗り換え、二軒小屋をめざす。途中畑薙第一ダムの休憩所で昼食、畑薙大吊橋や赤石ダム、椹島《さわらじま》ロッジへ寄り道した後、一五時二〇分、二軒小屋に到着。エメラルドブルーの水をたたえる田代ダムの湖畔から大井川の分岐点（西俣と東俣）までを二時間にわたり散策する。一八時から夕食。周囲でとれた山菜を利用したイタリアンのシェフによるディナーである。二軒小屋は良く整備されており、ペンションのような内外装である。夕食後は大井川鐵道の添乗員とガイドのK氏を含む男性陣で飲み会、一二時前に就寝。

翌日は天候の関係から、K氏の判断で、伝付峠の登山を断念し、代わりに椹島ロッジからアクセスできる鳥森山への登山へと日程を変更することになった。参加者の安全を考えた妥当な決定であろうし、常連の参加者は皆納得をしているようであったが、決して安くはない参加費を徴収しているツアーであるだけに、仮にこのツアーの参加者がマス化した場合、マス・ツーリストの中には違約金の要求などのクレームを申し立てる者が出る可能性やその対応に関して、考えなければならないであろう。

　八時過ぎに二軒小屋を出発、途中K氏による植物の説明を受けたり、千枚岳方面への登山道の一部を歩きつつ、一〇時に椹島ロッジに到着。一〇時三〇分から鳥森山登山開始。K氏による植物の説明を聞きつつ、約二時間で山頂に到着した。来た道を下山し、椹島ロッジ付近の大井川の河原で休憩、一四時三〇分、ロッジを後に、帰路につく。約一時間バスに揺られ、畑薙第一ダムで大井川鐵道のバスに乗り換え、一九時に静岡駅前に到着、解散となった。

　このツアーは、登山の上級者でなくても大井川の源流部にアクセス可能である点で希少性が高いが、価格や内容、催行方法の面からみると万人向きではなく、人を選ぶ内容であるといえる。同時にそれは、源流部の（日常的にエコ・ツーリズムが実践される場という意味の）観光資源化については、慎重に行わなくてはならないことを意味する。

鳥森山登山路の東屋で山域の説明を聞く

## 第六章　観光コミュニケーションを通じた自然・文化の呈示の実際

　ここでは、観光実践の現場で観光客と直接的、間接的に接触することを通じて、流域の自然や

専務車掌のハーモニカ演奏に聴き入る

文化のあり方を彼らに効果的に呈示することにより、観光客が経験する一連の観光行動におけるストーリーテラー（「場所の物語」の語り手）、あるいはシナリオライター（「場所の物語」の監督・演出家）の役割を果たしている現地の観光関係者のあり方について見ていきたい。

地域の自然や文化を観光資源化し、新たな観光実践を行っていこうとする際、多くの観光客に対して画一的な情報を提供するテレビ番組のような呈示の仕方（マス・ツーリストによる均一の観光資源の大量消費のあり方を想起されたい）ではなく、小劇場の演劇のように、個々の観光者とコミュニケーションをとりつつ彼らのニーズや気持ちに寄り添いながら自然や文化を呈示することが求められる。この意味で、現地の観光関係者のような「裏方」の存在は欠かせないといえる。

## ◉——大井川鐵道の専務車掌

大井川鐵道のＳＬ列車には、通常の車掌の他に、乗客への対応を専門的に行う「専務車掌」（「ＳＬおじさん、ＳＬおばさん」の愛称で呼ばれている）が乗務している。現在専務車掌は三人おり、交代でＳＬ列車に乗務する。彼らは全区間を通じて車窓風景のガイド、あるいはハーモニカの演奏などを通じた乗客とのコミュニケーションを専門的に行う。ハーモニカは、レトロ・ツーリズムにおいてノスタルジーを喚起するツールとして、全ての専務車掌が演奏可能である。SL列車が出発すると、まずは放送を通じて挨拶と列車や地域に関する全体的な説明を行い、ハーモニカの演奏を一曲披露した後、客室を訪問し、乗客全員と直接コミュニケーションをとっていく。乗客が多い場合、一人（一グループ）につき数十秒の対応時間となり、挨拶を交わす程度となってしまうが、乗客が少ない場合、相対的に一人（一グループ）とのコミュニケーションの時間は長くなる。そこでは通り一遍の沿線ガイドではなく、乗客の居住地に応じて、彼らの居住地と大井川流域との比較の中で流域の魅力を語ったり、乗客のリクエストに応じてハーモニカの演奏をしたりといった臨機応変な対応がなされる。この意味で、バスツアーでSL列車の一部の区間だけを体験乗車し、すぐに流域を離れてしまう観光客にとっては、専務車掌との邂逅が、地域の人々との唯一のコミュニケーションの機会となるはずであり、彼らの地域に対する理解や印象形成にとって重要な役割を果たしている。専務車掌の一人であるSさんによると、専務車掌の皆さんもそのことには自覚的であり、自らコンスタントに流域の店や自然に足を運び、限られた時間の交流を通じて、SL列車をはじめとする大井川鐵道がもつ観光資源の魅力を伝えるだけにとどまらず、流域のファンになってもらえるよう、自分が考える地域の良いところや魅力について伝えるための工夫を重ねているという。

この意味で専務車掌は、乗車体験のオプション、あるいは鉄道会社のもつ観光資源のPR役というだけにとどまらず、観光客に対して、流域の「場所の物語」の導入的な語り部としての役割を担っている、あるいは担いうる可能性をもっているといえるだろう。

山岳ガイドによる説明を聞きながらの山歩き

## ◉──ツアーにおける現地ガイド

第五章に記した観光実践では、必ず現地のガイドが付き添い、山の植物や景観に関して、現物を目の前にしながらツアー参加者に解説を行っていた。エコツアーにおけるガイドは、インタープリター（翻訳者・解釈者。自然と人間との間に立って、両者を仲介する役割を果たす者）と呼ばれ、エコ・ツーリズムの実践上重要な役割を果たすといえるが、第五章に登場したインタープリターたちは、プロとしてのインタープリターではなく、林業や農業、あるいは山岳ガイド等を営む川根本町在住の住民たちである。川根本町エコツーリズムネットワークの場合、観光事業という側面からみれば「アマチュア」である地域住民の有志がエコガイドとして登録されており、エコツアーの実施に伴って、適宜ガイドやインストラクターなどとして参加する形態をとっている。この意味で、筆者たちの観察によると、話術をはじめとしたインタープリテーションのスキルでは、プロのガイドと比較をすると物足りない側面は見受けられるし、ガイド内容についても、高度に専門的・学術的なものとは言いがたい。いうなれば、何とも「ゆるい」のである。そしてその「ゆるさ」を、多くのツアー参加者はガイドとの信頼関係の中で享受することによって、観光実践が成立している、という印象を受けた。

しかし、これはネガティブなことではない。「アマチュア」であることは、反面、流域に根付く住民ならではの自然や文化の呈示の仕方が可能だということであり、今後ガイドとしての経験を積み重ねていけば、地域の生活感覚や、地場産業従事者としての経験をより活かしたガイドの工夫がなされていくだろう。

## ◉——地域コーディネーターを中心とした観光マネジメントの現状と展望

流域における地域資源を活かした新しい観光を主導する立場、すなわち「場所の物語」の監督・演出家の立場にあたる人を、本書では地域コーディネーターと呼ぶことにしたい。彼らは、地域に存在する自然や文化の魅力を定義し、人的資源を結びつけながら、ツアーの商品化や観光メディアの発行といった観光実践につなげていく。ここでは、第五章で紹介した四つのエコツアーのうち、三つに直接的、間接的に関わってきた川根本町エコツーリズムネットワークの設立黎明期(活動開始からまもない観光実践の試行錯誤段階の時期)に同組織の中心的な運営を担った地域コーディネーターであるK氏の事例を記しておく。

二〇〇九年一一月以降、地域コーディネーターとしてK氏が観光事業に携わるようになった。このことによって、これまで観光資源としてあまり認知されてこなかった地域の資源にスポットが当てられ、Eボート乗車体験に象徴されるような、この流域にとっては新たなアプローチにより商品化されたツアーを観光客にプロデュースしていくプロジェクトが、継続的に実施されるようになった。そうした動向のなかで、大井川中流域における新たな観光実践に際してK氏が果たした役割として、以下の三点が指摘できる。

第一に、流域外部からの発想による地域資源の再解釈、という役割である。流域外部の人材であるK氏は、長年水資源を活用した観光実践に関する実績があることから、そのノウハウを川根本町にローカライズすることで、Eボート乗車体験などが実現したわけである。このように、地域の地理・社会的特徴の十分な理解のうえに新たな視点からの解釈を施し、ときにはEボートなどの外部のフォーマットを採用することにより、地域資源の新たな呈示の仕方を工夫して観光活性化を仕掛けていくことが可能となったわけである。

第二に、さまざまな主体間の協働を促進するジョインター（まきこみ役）、または調整するメディエーター（媒介者）としての役割である。K氏の場合、自治体（川根本町）の企画観光課、および川根本町まちづくり観光協会を拠点として活動しつつも、意識的に行政主体の立場ではないポジションから活動を展開していた。それにより、さまざまなアクターの利害関係を相対化し、前述のような新たな視点からの観光実践の企画・実現に対するフットワークが軽くなっていたといえる。

第三に、エコツーリズムネットワークの会員を中心とした川根本町の住民たちを観光実践の輪の中にまきこんでいくことによって、地域住民の観光実践に対する動機をもたらす役割である。

K氏によると、川根本町において（観光実践に限らず、創作活動等を含め）「おもしろいことをやっている人たち」の多くは、外部から移住してきた人々であるという。しかし、地域の住民にとっては、エコツーリズムネットワークの活動を通じて自らの日常世界を素材としながら、その魅力を観光者に伝えていくような観光コミュニケーションの実践の契機になりうるのではないだろうか。

## 第七章　大井川流域における観光実践のこれから

二〇一四年三月、大井川鐵道では列車の大幅な減便を軸としたダイヤ改正が実施された。それを報じた当時の新聞記事を以下に引用する。

大井川鉄道（島田市）は、三月二六日のダイヤ改正で、電車の運行本数を約四割削減すると発表した。二期連続で最終赤字を出したのが主な原因で、利用客からは困惑の声が挙がるなか、同鉄道の担当者は「苦渋の決断だった」と説明。今後は、不採算部門の電車事業を削減し、蒸気機関車（ＳＬ）を中心とした観光事業の収入で再建を図る考えだ。同鉄道の発表によると、本線（金谷駅～千頭駅）は、現行の上下線各一四本を、各八本と金谷～家山駅間の区間運転一本に削減。井川線（千頭駅～井川駅）は、上下線各四本から、各三本に減らし、一部区間での運行を廃止するという。鉄道事業収入の約九割を占めるＳＬについては、現状を維持する方針。同鉄道は、ＳＬを中心とした観光事業と、電車による地域公共交通事業の二本柱で展開。しかし近年、少子化による沿線市町の人口減で電車の利用客が減少し、平成二三年度は約七七〇〇万円、二四年度には約一八〇〇万円の最終赤字を出しており、今年度は、一三年度と同様の最終赤字が見込まれているという。今回の減便を受けて、「電車を減らさないでほしい」「困る」といった利用客の戸惑いの声も少なくないという。ダイヤの詳細はまだ決まっていないが、担当者は「通勤、通学客が集中する時間帯の本数は確保し、影響を最小限に抑えたい」としている。また同鉄道は、沿線の島田市と川根本町の両首長に対して、路線の存続支援などについて検討する協議会の設置を求める要望書を提出。今後、事業再建を図ると同時に、行政とともに、地域公共交通機関としてのあり方についても検討していく方針だ。

（産経新聞、二〇一四年二月四日）

ＳＬ列車に乗車するツアー客の減少（その主要因は、バスツアーの規制が強化されたことによるツアーそのものの減少にある）が、経営悪化の主要因であり、今後も逼迫した経営状況は続く見込みであるという。これを受けて島田市と川根本町では支援協議会を設置。川根高校への通学者向けに独自にスクールバスを運行したり、補助金を検討したりなどの支援対策に追われている。観光振興もその一つであろう。地域の交通を維持する、ひいては地域の生活や経済力を維持するためには、流域としての観光的魅力を高めることで、大井川鐵道の利用者を増やさざるをえなくなった格好である。

ここに至って、流域の観光関係者のあいだに各観光事業者や各自治体が単独で観光実践を展開し、観光資源の「単品売り」をしてきた過去のあり方から脱却し、「流域」を単位として、面的な観光的魅力を高めていかなければならない、といった問題意識が見られるようになってきた。その一つの表れとして、市町村や沿線ではなく、流域を地域単位とした季刊の観光情報誌（フリーペーパー）『大井川で逢いましょう』の創刊がある。二〇一四年八月に第一号を発行。発行元は島田市の土木・建設業、株式会社丸紅の一部署、ソーシャルコミュニケーション部である。同部は島田市より委託を受け、広告企画、イベント運営を行ってきた。大井川鐵道の運行本数の削減をきっかけとして、はじめて流域を単位とした地域活性化という視点、すなわち、流域を単位とした観光の可能性が流域の自治体側から表明されたのである。同誌は、きかんしゃトーマスの運行開始など、流域における観光実践のトピック、流域の飲食店と土産物の紹介、体験型観光のスポット紹介、周遊プランの提案を主な内容としている。現在の観光ガイドブック（とくに女性や若年層を対象としたもの）の内容としては、至極一般的であるといえるが、大井川流域においてこれまで各市町村の観光協会や大井川鐵道が発行するフリーペーパーの観光ガイドブックには、あまりみられなかった構成である。

二〇一四年現在、奥大井・南アルプスマウンテンパーク推進協議会の設立から九年、川根本町エコツーリズムネットワークの設立から六年、大井川流域まちかど博物館の取組みが始まって六年、フィルムサポート島田が設立されて八年が経過した。これら二〇〇〇年代の後半から始まった流域における新たな観光実践の潮流は、試行錯誤の段階であった黎明期から、一定の成果や限界が見えてきて、各種の観光実践を本格的に軌道に乗せようとする展開期へと入りつつある。たとえば、中流域〜上流域のエコ・ツーリズムの担い手の一つとして、第五章、第六章を中心に言及した「川根本町エコツーリズムネットワーク」は、第五章で紹介したツアーが実施された二〇〇九年から二〇一〇年にかけては、地域コーディネーターのK氏を中心に人脈を構築し、地域の埋もれた資源を見いだしつつ実験的にエコツアーを催行していた時期であったが、二〇一四年に至り、それらの試行錯誤の成果が一定の結実をみている。たとえば、二〇一四年の川根本町エコツーリズムネットワークが主催するツアーの紹介冊子には、「川でつなごう、山でつなごう、里でつなごう」といったテーマ別に多彩なツアーが紹介されており、①「川でつなごう」として接岨湖におけるカヤックツーリング（春から秋にかけて、カヤック体験、二時間四〇〇〇円〈四名以上〉）などのコースを用意、四月は「カヤックでしか渡れない無人島でお花見大作戦」など、五〇〇〇円で参加可能な年間プログラムとして商品化されている）。②「山でつなごう」として、山犬段、大札山の縦走など標高千メートル級の山歩きを地元の登録エコガイドとともにトレッキングする体験を年間を通じて提供している。③「森でつなごう」として、森林浴やヨガ体験を、④「お茶でつなごう」として、川根茶の体験施設フォーレなかかわね茶茗舘を核としたお茶ツーリズムの提案、といった観光実践に育っている。

このように大井川流域の観光は、新たな観光実践の潮流が実を結びつつある一方で、大井川鐵道の減便に象徴されるＳＬ列車への観光客の減少や、地域社会の衰退といった問題が顕在化するに至り、流域の観光資源を面的に結びつけていき、観光的な魅力を高めていくことが課題となってきているといえる。そこで、本書ではこのような流域を周遊単位とした観光のあり方を「流域観光」（リバーサイド・ツーリズム）と呼ぶことにしたい。流域観光には、ＳＬ列車の乗車をはじめ、南アルプスの山々への登山、カヌー体験、廃線跡探訪、レトロな街並み散策、ダムサイトの見学など、さまざまな観光の経験が含まれる。すなわち、これまで別個の観光実践としてなされてきた取組みが、流域の自然や文化という文脈のなかに関連づけられることになるのである。このプロセスにおいて重要な役割を果たすのが、第六章で言及した「場所の物語」の導き手たる、大井川鐵道の専務車掌や現地在住のエコガイド、地域コーディネーターのような人材である。観光客は、彼らとのコミュニケーションプロセスを通じて、流域における観光経験を個々のアトラクションの魅力ではなく、流域という広がりをもった地域の魅力として認識することになる。今後の大井川流域の観光のあり方として、バリエーション豊かな自然や文化に関する地域の観光資源を互いに関連させ、流域の「場所の物語」として観光客に呈示していくような「流域観光」(リバーサイド・ツーリズム)の実践として捉え直していく可能性について提起しておきたい。

本書を終えるにあたり、大井川流域の自然・文化・観光に関する二〇一四年現在のトピックを、いくつか紹介しておきたい。

減便の当事者である大井川鐵道にあっては、往年の夜汽車の気分が味わえる「夜行客車列車ツアー」の実施(二〇一四年一〇月)、「静岡おでんと熱燗列車」の運行(二〇一五年一～三月)、きかんしゃトーマスに加えて、ジェームスの運行を予定する(二〇一五年六～一〇月)など、イベント性を強化することで、SL列車の魅力をより高める取組みを新たに展開している。

また、第一章に記したように、二〇一四年六月、南アルプス一帯がユネスコエコパークに登録され、大井川上流域もその一部に組み入れられた。このことにより、希少な自然が残る地域であること、それらを活用したエコ・ツーリズムの実践がさかんな地域であることのユネスコによる「お墨付き」が得られた格好となり、自治体を越えた「エコパーク」という単位をベースに、観光実践が行われていくことも予想される。反面、JR東海が二〇二七年の開業をめざしているリニア中央新幹線が南アルプスをトンネルで横断することが予定されている。トンネルの工事用斜坑がつくられる予定の二軒小屋付近をはじめとする源流域において、自然環境に及ぼす影響への懸念の声もあがっている。

さらに、二〇一二年には新東名自動車道が開通、流域最寄りの島田金谷インターチェンジからは新金谷駅までは車で約七分、千頭駅までは約四〇分となり、首都圏・中京圏から車でのアクセシビリティが向上した。開通時はマスメディアも流域の観光地をこぞって取り上げ、開通初年度は、流域の市町村への観光入込客数は漸増傾向であった。開通時の熱狂が落ち着いた今後にあっては、観光客に対してインターチェンジで途中下車するに値するような魅力の発信が求められる。

観光は静的な社会現象ではない。そのため、大井川流域のような中山間地域にあっても、観光資源やその呈示手法はダイナミックに変化していくとともに、観光による地域資源の活用が叫ばれている昨今、その変化が強く求められている。今後の流域の自然・文化、そしてそれらを資源として活用する観光のあり方がどのように変化していくか注視していきたい。

# 参考文献


浅井浩平「鉄道輸送以前における大井川木材の搬出路」『人文地理』10巻5号、人文地理学会、三二一－三三〇頁。

浅井浩平「大井川を中心とした交通路の変遷」『地理学評論』36巻1号、日本地理学会、一九六三年一月、六八－七八頁。

天野武弘・中住健二郎・永井沓九郎・野口英一郎「旧東海紙料地名発電所建設の解体に伴う調査報告と保存問題」『産業遺産研究』17号、二〇一一年、一－九頁。

池内紀「わたしの五十三次考現学的考察①：島田・大井川川越」『春秋』556号、春秋社、二〇一四年二月、一一－一四頁。

市川勝「大井川流域の暮らし」『進歩と改革』732号、進歩と改革研究会、二〇一二年一二月、六九－七九頁。

伊藤寿和「近世における焼畑山村の人口移動とその実態：大井川最上流の井川地域を事例として」『日本女子大学紀要 文学部』62号、日本女子大学、九七－一〇六頁。

大井川鐵道編『大井川鐵道三十年の歩み』大井川鐵道、一九五五年。

大内力・高橋裕・榛村純一編著『流域の時代：森と川の復権をめざして』ぎょうせい、一九九五年。

大島延次郎「大井川の渡渉論」『社會經濟史學』第4巻3号、社会経済史学会、一九三四年、三二六－三三二頁。

岡村光展「大井川扇状地における近世山居集落の展開」『人文地理』25巻3号、人文地理学会、一九七三年、二五九－二八九頁。

奥敬一・深町加津枝・三好岩生・堀内美緒「大井川中流域の茶園卓越景観における日中の来訪者による景観認識比較」『ランドスケープ研究』72巻5号、日本造園学会、二〇〇九年、六五七－六六〇頁。

川根本町「町の紹介」http://www.town.kawanehon.shizuoka.jp/profile2/gaiyou.asp/

北雄邦伸『森林環境と流域社会』雄山閣、一九九二年。

木村至聖「産業遺産の表象と地域社会の変容」『社会学評論』60巻3号、日本社会学会、二〇〇九年、四一五－四三三頁。

熊谷直敏・湯浅保雄・加藤徹「大井川上流の二次林の現況について」『静岡大学農学部演習林報告』9号、静岡大学、一九八五年、一五－三〇頁。

蔵治光一郎・溝口隼平「発電ダム建設に伴う大井川の流況の変遷」『水文・水資源学会誌』20巻4号、二〇〇七年、三〇三－三一一頁。

佐野正佳『来て Go! 大鉄』静岡新聞社、二〇〇二年。

靜岡縣内務部『大井川・安倍川・流域の林業』静岡県、一九二九年。

静岡地理教育研究会編『よみがえれ大井川：その変貌と住民』古今書院、一九八九年。

島田市博物館編『大井川流域の文化』島田市博物館、二〇〇六年。

上毛新聞社・埼玉新聞社・下野新聞社・茨城新聞社・千葉日報社編『利根川三二二キロの旅：流域の自然とその営みを求めて』上毛新聞社、一九九七年。

白井昭『大井川鐵道井川線』ネコ・パブリッシング、二〇〇七年。

新谷融・黒木幹男編著『流域学事典：人間による川と大地の変貌』北海道大学出版会、二〇〇六年。

高尾和宏・大村寛「江戸時代、大井川における刎橋の橋長と森林伐採の関係」『日本森林学会誌』90号、日本森林学会、二〇〇八年、一九〇－一九三頁。

田渕直樹「河川環境回復を求めた住民運動の政治過程：大井川の『水返せ』運動を事例に」『現代社会文化研究』23、新潟大学、二〇〇二年三月、一－一八頁。

地方史研究協議会編『河川をめぐる歴史像：境界と交流』雄山閣、一九九三年。

中部電力編『大井川：その歴史と開発』中部電力、一九六一年。

中部電力編『大井川：流域の文化と電力』中部電力、二〇〇一年。

野本寛一『大井川：その風土と文化』静岡新聞社、一九七九年。

藤田佳久「大井川上流における大山林所有の成立」『人文地理』19巻5号、人文地理学会、一九六七年、五五〇－五六四頁。

松村博『大井川の橋がなかった理由』創元社、二〇〇一年。

向一陽『日本川紀行：流域の人と自然』中央公論新社、二〇〇三年。

森瀧健一郎「水資源の過剰開発とその帰結」『環境社会学研究』3号、環境社会学会、一九九七年、一〇五－一〇九頁。

矢澤和宏「大井川流域における水神信仰の地域性」『駒沢地理』25号、駒沢大学文学部地理学教室、一九八九年、一一五－一三八頁。

安福恵美子・天野景太「大井川中流域における観光資源の実態とその活用実践：川根本町エコツーリズムネットワークの活動を中心として」『静岡英和学院大学紀要』第9号、静岡英和学院大学、二〇一一年、一三〇－一三八頁。

渡辺和敏「大井川」豊田武・藤岡謙二郎・大藤時彦編『流域をたどる歴史 四〈中部編〉』ぎょうせい、一九七八年、一〇一－一四五頁。

【著者紹介】

**安福恵美子**（やすふく　えみこ）
愛知大学地域政策学部教授
専攻＝観光社会学、観光文化論
主な著書＝『ツーリズムと文化体験：“場”の価値とそのマネジメントをめぐって』（流通経済大学出版会、2006）、共編著書として『新しい観光と地域社会』（古今書院、2000）など。

**天野　景太**（あまの　けいた）
大阪市立大学大学院文学研究科アジア都市文化学専攻准教授
専攻＝社会学、観光学、都市社会文化論
主な論文＝「景観展望観光の歴史とその特色：日本の大都市におけるタワーツーリズムの展開を中心として」『日本観光学会誌』第48号（日本観光学会、2007）など。

愛知大学綜合郷土研究所ブックレット ㉔

**大井川流域の自然・文化・観光**

2015年3月25日　第1刷発行
著者＝安福恵美子・天野 景太 ©
編集＝愛知大学綜合郷土研究所
〒441-8522 豊橋市町畑町1-1　Tel. 0532-47-4160
発行＝株式会社 あるむ
〒460-0012 名古屋市中区千代田3-1-12　第三記念橋ビル
Tel. 052-332-0861　Fax. 052-332-0862
http://www.arm-p.co.jp　E-mail: arm@a.email.ne.jp
印刷＝精版印刷

ISBN978-4-86333-095-5　C0336

## 刊行のことば

愛知大学は、戦前上海に設立された東亜同文書院大学などをベースにして、一九四六年に「国際人の養成」と「地域文化への貢献」を建学精神にかかげて開学した。その建学精神の一方の趣旨を実践するため、一九五一年に綜合郷土研究所が設立されたのである。

以来、当研究所では歴史・地理・社会・民俗・文学・自然科学などの各分野からこの地域を研究し、同時に東海地方の資史料を収集してきた。その成果は、紀要や研究叢書として発表し、あわせて資料叢書を発行したり講演会やシンポジウムなどを開催して地域文化の発展に寄与する努力をしてきた。今回、こうした事業に加え、所員の従来の研究成果をできる限りやさしい表現で解説するブックレットを発行することにした。

二十一世紀を迎えた現在、各種のマスメディアが急速に発達しつつある。しかし活字を主体とした出版物こそが、ものの本質を熟考し、またそれを社会へ訴える最適な手段であると信じている。当研究所から生まれる一冊一冊のブックレットが、読者の知的冒険心をかきたてる糧になれば幸いである。

愛知大学綜合郷土研究所